# ¡Anímate!

## Mon cahier
## "Todo en uno"

**CASAS, Marie José**
Collège Voltaire (30)
**CASTÉRA, Nadine**
Collège Jean-Claude Sescousse (40)
**CORTÉS, Céline**
Collège de Lattre (94)
**DELMAS, Amélie**
Collège Jean Monnet (46)
**GONZALEZ, Karine**
Collège Gaston Doumergue (30)
**LALUQUE, Valérie**
Collège Pierre de Belleyme (33)
**PALOMO DELFA, Ana María**
École Internationale Bilingue (75)
**PALOMO DELFA, Raquel**
Master en philologie hispanique, Madrid
**SALAÜN, Michaël**
Collège les Jasmins (06)

Hatier

[redacted]

# Sommaire




- **Édition :** Dominique Colombani, Joëlle Dejonckère
- **Conception maquette :** Valérie Causse
- **Mise en page :** Valérie Causse, Christine Masson
- **Iconographie :** Véronique Foz
- **Illustrations**
  Sylvain Frécon

# ¡Bienvenidos a todos!

Tout au long du cycle 4, de la 5e à la 3e, tu vas :

- **repérer les informations** importantes à l'oral et à l'écrit,
- t'**imprégner** de la musique de la langue et **bien prononcer**,
- **transmettre des informations**, parler d'un document,
- **donner ton avis**, écrire des dialogues,
- découvrir de nouveaux **aspects de la culture hispanique**.

## Ton cahier "Todo en uno" est là pour t'aider !

C'est un nouvel outil à ta disposition : il te permettra de progresser, de t'entraîner et de mémoriser les points importants que tu auras vus en cours.
Tu l'utiliseras en classe ou seul.e chez toi.
Les exercices et les jeux, en lien direct avec les leçons que tu as étudiées, te permettront de poursuivre le travail fait avec ton professeur.
De plus, tu disposes de plusieurs outils pour t'aider à mémoriser et réviser :

- à la fin de chaque unité, deux pages de révisions pour faire le point (**Explorando**), avec des cartes mentales à compléter tout au long de l'année, pour organiser ton vocabulaire par grands thèmes,
- des outils de référence (un **précis grammatical** et des **lexiques**),
- un **jeu de révision** que tu peux faire en classe et aussi avec tes camarades ou tes parents !

**Enfin, n'oublie pas tes MP3 élève et tes activités autocorrectives à télécharger gratuitement sur :**
**http://www.editions-hatier.fr/langues-eleves**

# Apprendre à apprendre

**... Petit guide à l'attention des familles**

*Votre enfant est entré en 4e.*
*Lisez ces quelques lignes pour l'accompagner dans son apprentissage de l'espagnol !*

## Le cadre européen de l'enseignement des langues

L'enseignement des langues en France s'appuie sur le Cadre Européen Commun de Référence des Langues (CECRL), qui définit six niveaux communs à toutes les langues, de A1 à C2.
L'élève ou apprenant passe ainsi du niveau A1 (débutant ou utilisateur élémentaire) en début d'apprentissage, au niveau B2 (utilisateur indépendant) dans les classes terminales du lycée.

Tout au long du collège, votre enfant va travailler les compétences que chacun doit maîtriser pour communiquer dans une langue maternelle ou seconde. On parle d'activités langagières (ou de communication) et elles sont au nombre de cinq :

- compréhension de l'oral (écouter et comprendre ce que l'on entend) ;
- expression orale en continu (parler pour exposer ou raconter quelque chose) ;
- expression orale en interaction (parler avec les autres, échanger, poser des questions, y répondre) ;
- compréhension de l'écrit (lire et comprendre) ;
- expression écrite (écrire).

## La classe d'espagnol

La manière d'enseigner les langues a évolué et avec elle les manuels : maintenant, au collège, la priorité est donnée à l'oral, à la fois en compréhension et en expression.
Votre enfant va donc, en classe, entendre beaucoup d'espagnol authentique parlé par des natifs, grâce à des enregistrements audio et vidéo.

Il va prendre la parole régulièrement, en répondant à des questions, en en posant, en jouant des saynètes, en présentant ses travaux à ses camarades, en réalisant des projets, etc. toujours en espagnol.
C'est ce que l'on appelle « l'approche actionnelle ». L'élève utilise ses acquis pour accomplir une tâche ou un projet, comme, par exemple, **faire puis présenter un diaporama sur un thème sélectionné** ou **préparer et réaliser une enquête**.
Suite aux activités menées en classe, votre enfant va être évalué de façon variée, sur les cinq activités langagières, à la fois en compréhension et en production, à l'oral et à l'écrit.

# Apprendre à apprendre

## Comment accompagner votre enfant dans son apprentissage

Le cahier d'espagnol est un lien entre l'école et la maison.
En général, à la fin du cours d'espagnol, votre enfant va y recopier quelques phrases en espagnol, qui correspondent à ce qu'il a fait pendant le cours.
Les enseignants appellent cela la « trace écrite », elle est à apprendre pour le cours suivant.

Voici quelques conseils pour aider votre enfant à bien comprendre sa leçon et à la mémoriser.

**1. Lisez le texte de la leçon avec lui.**
Si vous n'êtes pas sûr de votre accent, utilisez *http://www.larousse.fr/dictionnaires/espagnol-francais*
Écrivez le texte dans la zone de saisie, puis cliquez sur le symbole audio pour l'entendre.

**2. Vérifiez avec votre enfant qu'il comprend les mots de la leçon.**
Montrez-lui les emplacements où il peut obtenir de l'aide :
- le lexique dans le cahier d'activités (p. 101 à 112) et les cartes mentales qui accompagnent les pages *Explorando*.
- les encarts *Para comprender* et *Palabras* dans les pages *Lección* du manuel ;
- les pages récapitulatives *Palabras* du manuel en fin de chaque unité.

**3. Lisez les explications grammaticales de sa leçon avec lui.**
Les explications données dans la rubrique *Lengua* des pages du manuel vont l'aider à bien construire ses phrases.
Quand il y a un renvoi entre le manuel et le précis grammatical, relisez avec lui les règles et faites-lui faire les exercices correspondant à son niveau.
Aidez-le à trouver les réponses aux questions qu'il se pose en parcourant avec lui l'index des principales difficultés.

### Le saviez-vous ?

*En général, en espagnol, on donne à chaque niveau la règle grammaticale qui correspond à ce qui va être demandé à l'élève. Ainsi, les explications s'étoffent d'année en année.*

# Apprendre à apprendre

**Connaître les supports de travail mis à la disposition des élèves**

## Le cahier d'activités

**1.** Vous pouvez revoir les exercices des pages *Lección* avec lui, et particulièrement les étapes de *Lengua*.
Cette activité, prescrite par le professeur, permet de fixer les mots ou structures de la leçon.

**2.** Vous pouvez l'encourager à relire la correction des exercices auxquels renvoie le *Lengua* de chaque page *Lección* (ou à les faire s'ils n'ont pas été prescrits par le professeur).
En fin de travail sur une unité, vous pouvez aussi lui suggérer de revoir le vocabulaire avec les pages *Palabras* du manuel …

**3.** Assurez-vous que votre enfant sait écrire les phrases de la leçon.

**4.** Demandez à votre enfant d'apprendre sa leçon à l'oral et de vous la réciter.

**5.** En fin et en cours d'année, jouez en espagnol et en famille, grâce aux pages de jeux !

## Les exercices interactifs

Les principaux points de grammaire et de vocabulaire de la méthode sont revus pour chacun des niveaux du collège dans des activités interactives téléchargeables gratuitement sur :
http://www.editions-hatier.fr/langues-eleves
Invitez votre enfant à les faire et les refaire.

## Les MP3 élève

Sur le site http://www.editions-hatier.fr/langues-eleves,
votre enfant peut télécharger gratuitement l'ensemble des enregistrements au format MP3. Il peut ainsi réécouter à la maison les dialogues des leçons, les activités de prononciation (sur fond jaune dans les pages *Palabras* du manuel), s'entraîner en s'amusant avec les *Trabalenguas,* mémoriser le vocabulaire des cartes mentales.

### Conseil de professeur

*Encouragez votre enfant à faire ces activités.*
*En écoutant et en prononçant de l'espagnol,*
*sa confiance en lui va grandir*
*et il n'hésitera pas à prendre la parole en espagnol !*

LECCIÓN 1

# Estoy con mis amigos

## 1 Prepárate

**1.** **Utiliza el color de cada personaje para colorear las palabras que le corresponden de cada columna.**

| | | |
|---|---|---|
| Meri | perfecta | a la izquierda |
| Bruno | popular | en el centro |
| Valeria | rara | delante de Meri |
| Raúl | rebelde | detrás |
| Esther | soñador | a la derecha |
| Eli | nueva | entre Valeria y Eli |

**2.** **Ahora, elige a un chico y a una chica de la película: descríbelos (físico y carácter) y sitúalos en el cartel.**

.......................................................................................................................

.......................................................................................................................

.......................................................................................................................

.......................................................................................................................

.......................................................................................................................

.......................................................................................................................

.......................................................................................................................

## 2 Escucha

CLASSE 2 Piste 1

**1.** **Marca la respuesta correcta.**

**a.** El documento es… una conversación telefónica. ⊙ una entrevista. ⊙

**b.** Hablan… locutores y espectadores. ⊙ alumnos y profesores. ⊙

**c.** Hablan de… un programa de radio. ⊙ una película. ⊙

LECCIÓN 1

# Estoy con mis amigos

**2. Atribuye una imagen a cada enunciado. Cuidado, hay intrusos.**

**a.** Lugar de la conversación.

**b.** Situación de los padres de Valeria.

**c.** Descripción de César.

**d.** Descripción de Eli.

## 3 Lengua

**1. Elige la respuesta correcta. Justifica tu elección.**

**a.** Yo (soy/estoy) con Mateo en clase de Español.

..............................................................................................................................

**b.** Mateo (es/está) el alumno que (es/está) a la izquierda del profesor.

..............................................................................................................................

**c.** Mis amigos Paula y Rubén (son/están) delante de la pizarra.

..............................................................................................................................

**d.** Nosotros (somos/estamos) compañeros de clase.

..............................................................................................................................

**e.** - ¿Dónde (sois/estáis) vosotros?

- (Somos/Estamos) aquí, en Sevilla.

..............................................................................................................................

..............................................................................................................................

**f.** - ¿(Eres/Estás) de aquí?

- No, yo (soy/estoy) de Granada.

..........................................................................................................................

..........................................................................................................................

**2. Valeria está escribiendo a sus amigos de Málaga. Completa lo que dice con los verbos *ser* y *estar* que faltan conjugándolos.**

Mamá y yo ya .................. en Madrid. Nuestra casa .................. grande y .................. cerca del instituto. En esta foto .................. con mis nuevos amigos. Todos..................... de aquí. Yo .................. la única nueva. Nosotros .................. en una terraza y se ven los tejados de Madrid.

El chico que .................. a mi lado se llama Bruno. Los demás ..................... Esther, Rául, Meri y Eli.

LECCIÓN 2

# ¿Qué tal hoy?

## 1 Prepárate

**Lee estas frases a tu compañero(a) y él/ella dice a qué estado de ánimo corresponden.**

**a.** Si tengo buenas notas, estoy ........................................

**b.** Después de clase de Educacion Física, estoy ........................................

**c.** Cuando estoy solo(a) sin mis amigos, estoy ........................................

**d.** No me sé el examen de Lengua. Estoy ........................................

**e.** Mi amigo no me habla: estoy ........................................

**f.** He dormido muy bien esta noche; estoy ........................................

**g.** He estudiado mucho pero he sacado una mala nota, estoy ........................................

## 2 Lee y habla

**Imagina otra historia para el cómic de Sergio y Rosa. Represéntala con tu compañero(a).**

## 3 Lengua

**1. Clasifica los adjetivos en la caja correspondiente. Algunos pueden estar en las dos.**

impaciente · contenta(o) · cariñoso(a) · fiel · triste · morena(o) · en forma · enfadado(a)

**2. Relaciona cada elemento de la primera columna con uno de la segunda. Di estos elementos a tu compañero(a) que tiene que decir una frase con ellos. Luego intercambiáis.**

| | |
|---|---|
| soy o | o de buen humor |
| están o | o atractivo(a) |
| eres o | o enfadado(a)s |
| estoy o | o comprensivo(a)s |
| somos o | o valiente |

**Ahora escribe una de las frases que has dicho.**

..............................................................................................................

..............................................................................................................

## 4 L'accent tonique

MP3 Piste 17

**1. Escucha y repite las palabras. Luego subraya la sílaba tónica.**

| carácter | atractivo | ánimo | cortés | triste | decepcionado |
|---|---|---|---|---|---|
| • ● • | • • ● • | | | | |

**2. ¿Qué regla deduces?**

..............................................................................................................

..............................................................................................................

LECCIÓN 3

# Siempre con mis amigos

## 1 Prepárate

**Forma con las sílabas siguientes siete adjetivos en relación con la amistad. Elige un color diferente para cada adjetivo y escríbelos. (Las sílabas no están en orden.)**

re · pa · ro · do(a) · le · or · ser · va · gu · fe · so(a) · cien · mán · res · al · co(a) · ti · te · llo · pe · o · tu · liz · so(a)

➡ ..........
➡ ..........
➡ ..........
➡ ..........
➡ ..........
➡ ..........
➡ ..........

## 2 Lee

**1. ¿Verdadero (V) o Falso (F)? Justifica citando el texto.**

| | V | F |
|---|---|---|
| **a.** Ana está en un internado inglés. | ○ | ○ |
| **b.** Su compañera de habitación se llama Penny y es española. | ○ | ○ |
| **c.** La chica se comporta muy bien con Ana. | ○ | ○ |

**2. Subraya los adjetivos que puedes utilizar para hablar de la nueva amiga de Ana.**

**autoritaria • generosa • sociable • dulce • agresiva • impaciente • paciente**

**3. Y tú, ¿qué tipo de amigo(a) eres?**

..........
..........
..........

## 3 Lengua

**1. Relaciona el verbo con el sujeto correspondiente.**

| | | | |
|---|---|---|---|
| yo | O | O | vivimos |
| tú | O | O | me llamo |
| él/ella | O | O | comes |
| nosotros(as) | O | O | aprendéis |
| vosotros(as) | O | O | hablan |
| ellos(as) | O | O | tiene |

**2. VERBOKU. Rellena el verboku para repasar el presente del indicativo.**

Reglas del juego: Partiendo de las formas verbales escritas en algunas de las casillas, completa las vacías con las formas verbales del verbo *vivir* que faltan. No se pueden repetir por fila, columna o región de 6 casillas.

| | | | | | |
|---|---|---|---|---|---|
| vive | | | | | vivimos |
| | | vivimos | vive | | |
| | vive | | | viven | |
| | vivimos | | | vivo | |
| | | vives | vivo | | |
| vivo | | | vivís | | vives |

**3. Colorea en verde los finales del presente de los verbos en *-ir*, en azul los de los verbos en *-er* y en amarillo los de los verbos en *-ar*.**

ÉISUOBORESXWEBPASPSOEUENESAMOSMOAZENPFÍSOENABIUAISSPORANOEMOSPTAIMOSO

LECCIÓN 4

# Héroes en el instituto

## 1 Prepárate

**Completa el cuadro con las palabras siguientes en la columna que corresponda.**

insultar · ayudar · llorar · estar angustiado(a) · burlarse · hablar · contar · empujar · molestar · tener miedo · estar desesperado(a) · ser valiente

| Persona que acosa: acosador(a) | Persona acosada: víctima | Solución |
|---|---|---|
| ........................................ | ........................................ | ........................................ |
| ........................................ | ........................................ | ........................................ |
| ........................................ | ........................................ | ........................................ |
| ........................................ | ........................................ | ........................................ |

## 2 Escribe

**1.** Imagina que tu amigo(a) sufre acoso escolar. Después de hablar con él/ella, decides pedir consejos en un foro para poder ayudarle. Redacta el mensaje que vas a mandar.

..................................................................................................................................

..................................................................................................................................

..................................................................................................................................

..................................................................................................................................

**2.** Completa la siguiente campaña sobre el acoso escolar. Escribe un título, completa con tres frases e ilústrala. Puedes dibujar o pegar imágenes.

[ ........................................................................................ ]

« **Participas** en poner fin al acoso escolar cuando...

no te burlas de los compañeros más pequeños

..................................................................................................................................

..................................................................................................................................

.................................................................................................................................. »

## 3 Lengua

**1.** **Ordena las palabras para formar frases interrogativas correctas. No te olvides de las mayúsculas.**

**a.** te - qué - ¿ - el - aconseja - ? - psicólogo

..........

**b.** del - piensan - ? - tus - qué - escolar - compañeros - acoso - ¿

..........

**c.** ? - a - las - se debe - ¿ - ayudar - cómo - víctimas

..........

**2.** **Relaciona las columnas y forma frases negativas conjugando el verbo como en el ejemplo.**

| | | |
|---|---|---|
| Yo | dar patadas | a los demás *(les autres)*. |
| Nosotras | empujar | cuando me insultan. |
| Mis compañeros | insultar | de mi ropa. |
| Vosotros | burlarse | a los más pequeños. |
| Tú | tener miedo | a los nuevos. |
| Mi amiga | llorar | de quedarte solo(a). |

**a.** Tú no tienes miedo de quedarte solo(a). ..........

**b.** ..........

**c.** ..........

**d.** ..........

**e.** ..........

**f.** ..........

# Explorando

## Quizz

**Indica en cada mano el nombre de los profesionales que pueden dar consejos o ayudar en caso de acoso escolar.**

........................................

........................................

........................................

........................................

## El humor

**Escribe un adjetivo sobre el humor debajo de cada cara y dibuja la expresión correspondiente.**

.................... .................... .................... .................... ....................

## La amistad

**Pon las letras en orden y encuentra las cualidades necesarias para ser un(a) buen(a) amigo(a).**

DSIENCRDAI - NPCIAEACI - OTESREP - AOFTCE

........................................

## Las cualidades

**Escribe el nombre que corresponde a los adjetivos siguientes.**

**Ej** : honesto(a) → la honestidad

respetuoso(a) → ....................

amistoso(a) → ....................

cariñoso(a) → ....................

leal → ....................

paciente → ....................

## Situar en el espacio

**Relaciona cada imagen con la expresión correspondiente.**

a la derecha

entre

detrás

delante

a la izquierda

## El carácter

**1.** Busca las sílabas que faltan en los adjetivos siguientes.

.............ro(a) - so.............dor(a) - .............fecto(a) - rebel............. - .............vo(a)

**2.** Crea tu mapa mental completando con todos los adjetivos que conoces de la unidad.

**El carácter y el humor de una persona**

**Ser**

**Positivo**

..........................................
..........................................
..........................................
..........................................

**Negativo**

..........................................
..........................................
..........................................
..........................................

**Estar**

**Positivo**

..........................................
..........................................
..........................................
..........................................

**Negativo**

..........................................
..........................................
..........................................
..........................................

## DVD Piste 8 Taller de vídeo

**Mira el vídeo y después observa la foto para contestar a las siguientes preguntas.**

**1.** Sitúa a Bruno, a Esther y al orientador en el fotograma.

..........................................................................................................

..........................................................................................................

..........................................................................................................

**2.** Elige a un personaje y di dónde está. Tu compañero(a) tiene que adivinar quién es. Luego intercambiáis.

**3.** Según tu punto de vista, ¿se llevan bien los chicos? ¿Qué elementos te permiten decirlo?

..........................................................................................................

**4.** Apunta los adjetivos que oyes y clasifícalos en positivos y negativos.

| + | – |
| --- | --- |
| ........................ | ........................ |
| ........................ | ........................ |
| ........................ | ........................ |
| ........................ | ........................ |
| ........................ | ........................ |

**5.** ¿Qué indica el extracto del carácter del orientador? Preséntalo a la clase.

## Taller de audio

CLASSE 2
Piste 4

**1. Subraya los nombres que aparecen en la canción.**

Álix - Mariana - Paulina - Benny - Sasha - Pablo - María - Isabel - Diego

**2. ¿Quién dice cada una de las frases siguientes?**

"Estoy de buen humor." → ..........

"Me gusta sonreír." → ..........

"Buena onda os traigo yo." → ..........

"Te quiero divertir." → ..........

**3. ¿Qué cualidades crees que definen a este grupo de amigos?**

..........

**4. Si eres su amigo(a), ¿qué puedes aportarles tú?**

..........

## Taller informático

**1. A partir de la información que te dan en la pestaña *(l'onglet)* "Qué es el bulling" completa las frases con las palabras siguientes.**

**acosadores - más pequeños - más vulnerables - inaceptable - una broma - acoso - diferentes - humillar - la escuela**

El bullying o .......... es un problema grave, principalmente en .......... .
Los bullies o .......... molestan a los niños .......... o ..........
y que son .......... . Tienen la intención de herir, .......... . No es
.......... o un juego, es .......... .

**2. Después de leer la pestaña "Consejos para estudiantes", completa las frases siguientes.**

*Si soy víctima de un acoso,* ..........

..........

*Si soy testigo de un acoso,* ..........

..........

Planeta hispánico

## Al encuentro de la Isla de Pascua

**Escoge la(s) respuesta(s) correcta(s). Cada vez que tienes una respuesta correcta colorea una parte del dibujo que representa la isla de Pascua.**

**a.** La isla de Pascua es territorio:
- ☐ chileno.
- ☐ argentino.
- ☐ español.

*Respuesta correcta: ¡colorea el suelo!*

**b.** Rapa Nui, uno de los nombres de la isla, significa:
- ☐ "ombligo del mundo".
- ☐ "isla grande".
- ☐ "isla misteriosa".

*Respuesta correcta: ¡colorea el océano!*

**c.** El clima es:
- ☐ desértico.
- ☐ polar.
- ☐ tropical.

*Respuesta correcta: ¡colorea el cielo!*

**d.** En la ceremonia llamada Takona:
- ☐ se cuentan leyendas antiguas.
- ☐ se practica deporte.
- ☐ se baila.

*Respuesta correcta: ¡colorea el sol!*

**e.** El baile pascuense se llama:
- ☐ Ula, Ula.
- ☐ Hip-hop.
- ☐ Hola, hola.

*Respuesta correcta: ¡colorea las cabezas de los moáis!*

**f.** ¿Cuántos moáis hay en la isla?
- ☐ más de cien.
- ☐ más de mil.
- ☐ más de un millón.

*Respuesta correcta: ¡colorea los cuerpos de los moáis!*

# Taller de teatro

MP3
Piste 18

# Una isla fabulosa

**Resuelve los cinco enigmas para completar el crucigrama y encontrar la palabra misteriosa.**

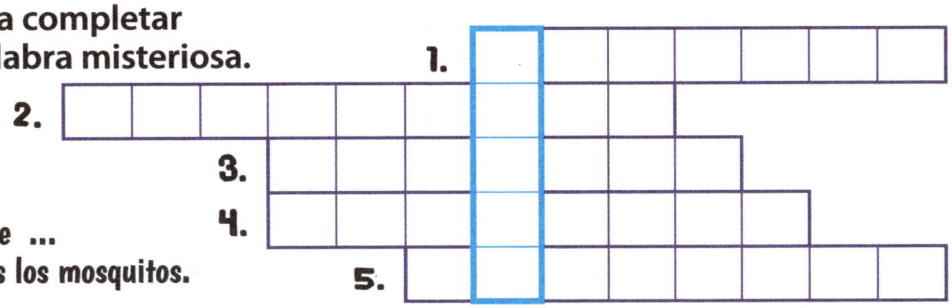

1. Quillén es un nombre ...
2. Leonor duerme mucho: es una ...
3. Samuel quiere probar las flores de ...
4. Quillén es ... porque mata a todos los mosquitos.
5. Los moáis son ...

La palabra misteriosa es ..........................................................................................

## Culture

Les *mapuches* sont un peuple natif d'Amérique du Sud qui vit au sud du Chili et au sud-ouest de l'Argentine. Son nom vient de *mapu*, 'terre', et *che*, 'personne', c'est à dire des « gens de la terre », « des natifs », par opposition aux étrangers venus de l'Europe.

Leur langue, le *mapuche* ou *mapudungun*, est une langue isolée dont l'origine n'est pas connue. Les noms féminins de personne font référence à la beauté, aux fleurs de leur terre, etc. tandis que les noms masculins symbolisent la force, la guerre, les animaux sauvages...

## Tous en scène !

Écoute bien la piste 18 de ton MP3 et remarque l'intonation des phrases exclamatives de la scène 1 et de la fin de la scène 2 : *¡¡Odio a los mosquitos!!*

- Lorsque vous jouez la scène 1 vous pouvez aussi ajouter des gestes.

Par exemple, dans la scène, quand les amis cherchent le guide, vous pouvez insister sur les démonstratifs (*ese, aquel*) en désignant un lieu avec le doigt et le regard.

Cherchez ensemble quel geste pourrait faire Leonor pour exprimer sa fatigue, et dans la scène 3, comment Leonor peut exprimer la peur.

LECCIÓN 1

# ¡Así es mi nueva habitación!

## 1 Prepárate

**Los hombres toman nota de lo que quiere la familia. ¡Cuidado con el orden para desplazar los objetos, la pila no tiene que caerse!** *(la pile ne doit pas tomber !)*

*La lámpara que está encima va en el cuarto del niño.*

........................................................................................................................................................

........................................................................................................................................................

........................................................................................................................................................

........................................................................................................................................................

........................................................................................................................................................

........................................................................................................................................................

........................................................................................................................................................

........................................................................................................................................................

........................................................................................................................................................

........................................................................................................................................................

........................................................................................................................................................

## 2 Escucha y exprésate

CLASSE 2
Piste 6

**1. Completa el resumen.**

**a.** Los dos protagonistas están en casa de .................................................................. y más precisamente en ............................................................ .

**b.** Los amigos son ........................................................... .

**2. Escucha de nuevo la grabación, rodea la habitación de José Luis y luego justifica por qué los otros dibujos no corresponden.**

..........................................................
..........................................................
..........................................................
..........................................................

..........................................................
..........................................................
..........................................................
..........................................................

..........................................................
..........................................................
..........................................................
..........................................................

## 3 Lengua

**1. Tu hermano(a) pequeño(a) ha entrado en tu habitación y descubres tu cuarto en desorden. Explica el desastre a tu amigo(a).**

**a.** El ordenador está ................................................ ..................... la mesilla.

**b.** Los libros están ................................................ ..................... la biblioteca.

**c.** El póster está ................................................ ..................... la cama.

**d.** Mi lámpara está ................................................ ..................... la puerta.

**2. Estás en el autobús de vuelta de un viaje escolar. Has olvidado algunas cosas (gafas de sol, cámara de fotos, casco de música…) en casa de tu familia de acogida española. Dejas un mensaje en el contestador para indicarle dónde están (en diferentes cuartos y muebles) y si te las puede mandar.**

# LECCIÓN 2 ¡Aquí todo es diferente!

## 1 Prepárate

**Le describes a un(a) amigo(a) el albergue juvenil de tus últimas vacaciones, insistiendo en los puntos positivos y negativos. Apunta tres ideas para cada uno antes de hablar.**

(+) ..........

(−) ..........

## 2 Lee y comunica

**1. Rodea el dibujo que corresponde al pasillo de la residencia de Elena. Justifica tu elección y explica por qué los otros no corresponden.**

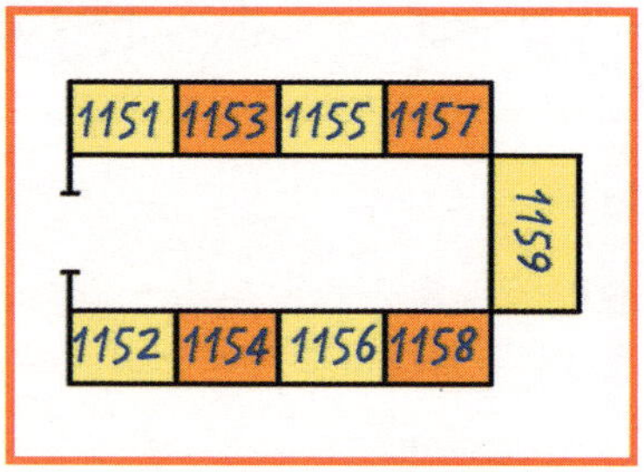


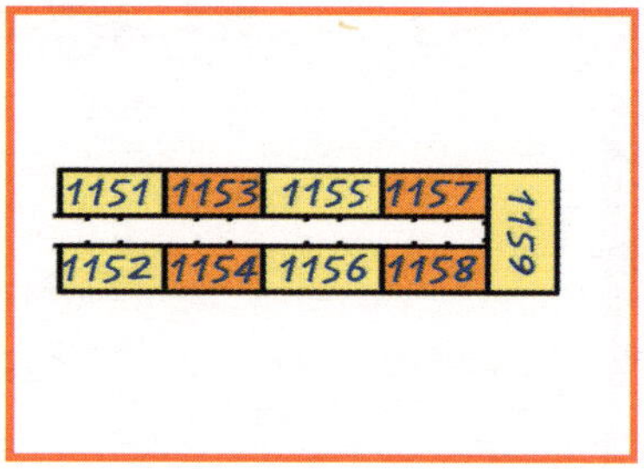


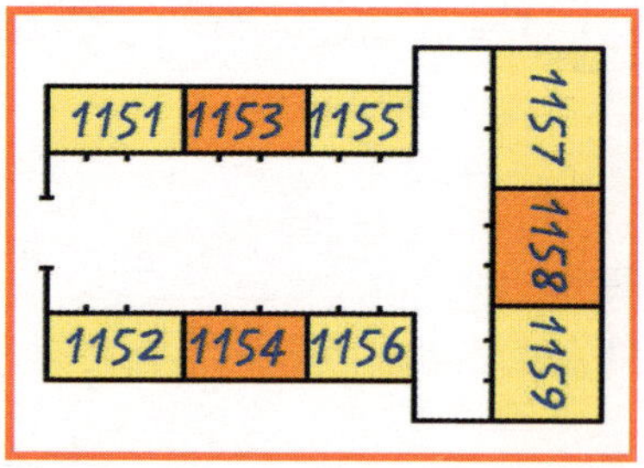


.......... .......... ..........

**2. ¿Cómo se siente su madre? Explica cuál es el problema que evoca.**

..........

**3. Escucha y escribe las frases.** ¡Ojo con la letra « u »! MP3 Piste 19

..........

¡Fíjate! Di cuándo no se pronuncia la letra "u".

..........

**4. Completa esta ficha antes de llamar para preparar vuestras vacaciones. Indica entre paréntesis (¿..............?) la palabra interrogativa correspondiente.**

| | | muy importante | facultativo | no queremos |
|---|---|---|---|---|
| situación (¿............................?) | | | | |
| número de habitaciones (¿............................?) | | | | |
| periodo del año (¿............................?) | | | | |
| prestaciones (¿............................?) | | | | |
| actividades (¿............................?) | | | | |

**5. Escucha la grabación y clasifica los fragmentos de esta conversación telefónica entre un cliente y el recepcionista de un hotel.**

- –Oiga, llamo desde Francia.
- –¿Qué desea usted?
- –¿Necesita algo más?
- –Hasta pronto, gracias por su reserva.
- –Quisiera reservar una habitación en su hotel.
- –No gracias, eso es todo.
- –Hola, Hotel Miramar dígame.

## 3 Lengua

**Completa con el verbo SER en presente de indicativo.**

¿Te cuento cómo ......................... nuestra colonia?

Pues, ......................... un edificio de tres pisos y ......................... moderno.

Aquí, los cuartos ......................... luminosos.

Estoy en la misma habitación que mi hermano, ......................... muy cómplices.

¡Si (tú) ......................... aventurero, ¡esta colonia es para ti! ¡Aquí hay muchas montañas!

LECCIÓN 3

# No creen en mi pasión

## 1 Prepárate

**Lee las razones de los padres según el chico y clasifícalas según que sean positivas o negativas. Imagina otros argumentos de los padres.**

| Razones positivas | Razones negativas |
| --- | --- |
| ........................ | ........................ |
| ........................ | ........................ |
| ........................ | ........................ |
| ........................ | ........................ |

Otros argumentos: ........................................................................................

........................................................................................................................

## 2 Lee y escribe

**1. Subraya en el texto el vocabulario relacionado con el léxico del arte.**

*María José vive en Valverde de Leganés (Extremadura, España) y es una joven apasionada de la pintura y los retratos.*

En la página web del Instituto Reino Aftasí se puede encontrar información sobre esta joven [...] por la exposición que realizó, así como una entrevista y fotografías de varias de sus obras. [...]
Asegura que desde bien pequeña su madre le daba un folio y un lápiz y era lo que más la entretenía. Actualmente está practicando el retrato digital y desde no hace mucho se está introduciendo en la especialidad de «Animación 3D» como una faceta innovadora del mundo del arte y en la que afirma que tiene un importante futuro.
A su corta edad tiene ya un catálogo de una treintena de retratos y personajes de películas y videojuegos, y nos confiesa que una parte importante de su trabajo se debe al apoyo de su familia y a los buenos profesores que ha tenido, de los que ha aprendido.

Fernando Negrete, *www.hoy.es*, 11/07/2014.

**2.** **Elige la(s) respuesta(s) correcta(s).**

**a.** A María José, le apasiona: ☐ cantar ☐ dibujar ☐ escribir

**b.** Actualmente María José se interesa por: ☐ el dibujo con papel y lápiz ☐ los dibujos animados ☐ la ilustración numérica

**c.** Se puede encontrar información sobre ella: ☐ en el periódico de su instituto ☐ en su blog personal ☐ en el sitio Internet de su colegio

**d.** La ayudan en su trabajo : ☐ sus padres ☐ sus compañeros de clase ☐ los adultos de su colegio

## 3 Lengua

**1.** **Busca los verbos siguientes en presente de indicativo en la sopa de letras.**

| | | | | | | | | | | | | | | |
|---|---|---|---|---|---|---|---|---|---|---|---|---|---|---|
| H | R | Z | T | G | B | V | C | H | Q | U | E | R | I | S |
| P | F | Y | Ñ | D | S | X | P | K | I | O | N | Q | J | J |
| A | O | A | N | X | A | Z | J | I | E | U | F | I | Ñ | F |
| S | R | D | I | Ñ | D | E | F | I | E | N | D | O | X | X |
| A | K | J | E | P | F | I | P | K | Q | N | I | U | U | H |
| A | J | F | B | M | T | Y | P | L | Q | D | S | G | A | Ñ |
| L | M | L | E | T | O | B | V | Q | G | J | E | A | C | N |
| W | K | O | G | E | G | S | S | Q | Z | D | R | U | N | I |
| L | N | Y | F | T | H | I | G | I | F | L | E | N | Q | T |
| S | E | D | N | E | I | T | N | E | V | S | F | D | F | V |
| Ñ | N | D | T | C | F | B | Y | K | T | N | L | G | T | G |
| E | E | N | V | B | F | V | B | A | Z | L | C | D | G | K |
| I | I | F | O | D | A | P | C | I | O | S | H | V | J | S |
| L | T | V | U | Z | Q | H | J | K | Ñ | Q | M | R | W | F |
| L | A | G | E | U | J | D | U | I | K | Z | R | P | M | R |

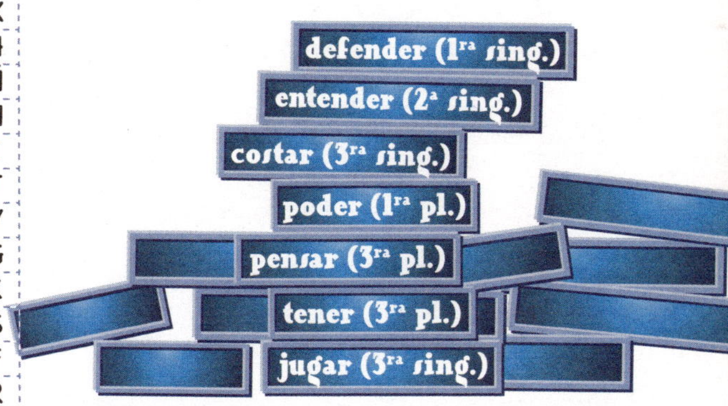


**2.** **Completa estas frases del correo del lector que vas a mandar a la redacción.**

.......................................... (**CONFESAR**; **yo**) tener un problema de comunicación con mis padres: no .......................................... (**ENTENDER**) mi pasión por el dibujo y ya no .......................................... (**PODER**; **nosotros**) hablar sin gritar.

.......................................... (**PENSAR**; **ellos**) que mi afición me distrae de los estudios y .......................................... (**CONTAR**) a todo el mundo que la voy a dejar .

Pero ¡no .......................................... (**PODER**; **yo**) abandonar mi pasión ; ¡ .......................................... (**QUERER**; **yo**) practicarla durante mi tiempo libre!

¿Qué .......................................... (**PENSAR**; **vosotros**) de mi problema?

LECCIÓN 4

# Una artista en casa

## 1 Prepárate

**Colorea de azul las palabras que hablan de pintura y en verde las que hablan de fotografía. Algunas hablan de los dos. Son siete en total.**

| | | | | | | | | | | | | | | | |
|---|---|---|---|---|---|---|---|---|---|---|---|---|---|---|---|
| z | e | p | y | e | y | q | e | a | f | u | k | v | p | e | y |
| e | w | i | f | a | c | i | g | r | o | b | l | x | k | c | u |
| x | g | n | c | u | a | d | r | o | t | m | m | v | t | i | c |
| r | u | c | x | x | s | b | h | f | o | o | y | z | k | j | c |
| u | t | e | p | f | e | w | r | e | g | i | n | s | y | i | n |
| s | b | l | r | s | g | y | k | k | r | s | q | o | y | m | a |
| z | o | f | e | d | q | n | t | o | a | e | e | e | j | e | k |
| e | t | k | t | h | y | g | v | j | f | z | k | h | t | x | z |
| d | l | u | r | e | e | y | i | b | o | a | n | x | e | i | b |
| u | l | m | a | b | j | f | k | r | f | n | w | i | v | i | j |
| o | p | i | t | c | u | a | a | z | o | j | g | v | g | g | a |
| f | o | t | o | g | r | a | f | í | a | z | q | k | o | z | y |
| k | d | r | i | p | i | n | t | u | r | a | s | j | r | o | o |
| c | a | m | a | r | a | t | a | c | u | o | g | k | q | v | r |
| a | e | e | l | u | s | v | b | y | v | f | g | u | e | y | n |
| a | r | e | n | h | a | k | e | v | r | z | i | a | u | y | y |

1 ..............................................................
2 ..............................................................
3 ..............................................................
4 ..............................................................
5 ..............................................................
6 ..............................................................
7 ..............................................................

## 2 Lee y escribe

**1. Mira el cuadro de Frida Kahlo y completa este folleto.**

Frida Kahlo Calderón, *Mis abuelos, mis padres y yo*, 1936.

En el cuadro Frida representa sus orígenes.
En la parte .................................... el nopal y el desierto representan .................................... mientras que el océano representa ........................ ...................................................................... .

Se representa ella en su lugar de vida preferido: ...................................................... ...................................................................... .

**2.** **¡Te toca adivinar!**

¿Cuál es el primer apellido de:

a) Isabel? ..............................

b) Jacob? ..............................

## 3 Lengua

**1. ¿SER o ESTAR? Elige y conjuga el verbo adecuado en presente para completar los pensamientos de Frida Kahlo en la foto.**

(Yo) .................... en mi habitación, acostada en mi cama y realizo un cuadro sobre mi familia. Mis pinceles .................... a mi derecha y mi caja de pintura .................... a mi izquierda. .................... en mi universo personal y artístico. .................... una artista mexicana famosa y en esta foto .................... en la Casa Azul. Mis familias materna y paterna .................... en el cuadro que estoy pintando.
Mis abuelos paternos .................... alemanes y los maternos .................... mexicanos.

**2. Seguro que como Frida, tienes un sitio favorito en algún lugar.**
**Di dónde está y cómo es.**

..............................

..............................

..............................

..............................

..............................

..............................

..............................

# Explorando

## Quizz

**1.** Di dos objetos para sentarse:

.................................... ....................................

**2.** ¿Dónde te puedes lavar y dónde puedes lavar los platos?

........................ ........................ ........................

**3.** ¿Cómo se llama el lugar donde vive la pintora Frida Kahlo?

....................................................................

**4.** ¿Sabes cuál es la nacionalidad de esta artista?

....................................................................

**5.** ¿De qué origen es su familia paterna? ....................................

## Muebles y objetos

Ordena las sílabas para formar las palabras correctas.

ra pa lám ....................................................

la me sil ....................................................

ne ra ve ....................................................

or dor na de ....................................................

pe jo es ....................................................

tan ría es te ....................................................

ma ar rio ....................................................

vi sor le te ....................................................

## Situar en el espacio

**¡Ayuda a Rafaela a encontrar sus pelotas de tenis en su habitación!**

## Sueño con...

**Pon en orden este diálogo:**

- ☐ -Quiero hacer equitación, sueño con montar a caballo y apuntarme al club de la ciudad.
- ☐ -Sí, te escucho hijo.
- ☐ ¿Estás de acuerdo?
- ☐ -¡¡Gracias Papá, es un sueño para mí!!
- ☐ -Hola Papá, quiero decirte algo importante hoy.
- ☐ -Si es tu pasión, la respeto y te apoyo hijo.

## A cada acción su lugar

**1.** Asocia cada lugar al verbo que le corresponde.

| | |
|---|---|
| internado ◎ | ◎ cenar en el comedor escolar |
| museo ◎ | ◎ viajar |
| albergue juvenil ◎ | ◎ ver cuadros |
| casa familiar ◎ | ◎ compartir momentos en familia |

**2.** Completa el recuadro.

| Lugares | Objetos | Actividad |
|---|---|---|
| ........ | la cama | ........ |
| ........ | ........ | ver la tele |
| cocina | ........ | ........ |
| ........ | ........ | lavarse |

Multimedia

## Taller de vídeo

DVD Piste 9

**Contesta a las preguntas siguientes.**

**a.** ¿En qué habitación estamos?

..............................................................................................................................

**b.** ¿Por qué no está contenta la gobernanta?

..............................................................................................................................

**c.** A tu parecer, ¿cuáles son las ventajas y desventajas de estar en un internado?

..............................................................................................................................

..............................................................................................................................

..............................................................................................................................

..............................................................................................................................

## Taller de audio

CLASSE 2 Piste 8

**1. Rodea las respuestas correctas.**

**a.** La niña del vídeo estudia: ⬡ francés ⬡ inglés ⬡ alemán

**b.** Va a clases de: ⬡ solfeo ⬡ ajedrez ⬡ informática

**2. ¿En qué parecen estar en desacuerdo y de acuerdo padre e hija? Completa las frases con "la niña" o "el padre".**

Al principio del audio ........................................ quiere bailar y jugar.

........................................ le explica a ........................................ que es importante estudiar.

Al final del vídeo, ........................................ y ........................................ bailan juntos *(ensemble)*.

**3. Imagina un título para acompañar la foto.**

..............................................................................................................................

## Taller informático

**1. Relaciona el dibujo con la palabra correspondiente**

El estudio · El distribuidor · El estanque · La casa Azul · La habitación

**2. ¿Qué dice el plano?**

**a.** ¿Qué te sorprende en esta casa?

............................................................................................................................................................

............................................................................................................................................................

............................................................................................................................................................

............................................................................................................................................................

**b.** Mirando el plano, ¿cómo sabes que esta casa es un museo?

............................................................................................................................................................

Planeta hispánico

# Las islas canarias

**1. ¿Qué sabes de Canarias?**
Tacha *(Barre)* las respuestas falsas.

Canarias es:
- un país hispanohablante *(hispanophone)*.
- un río en España.
- una comunidad autónoma española.
- un archipiélago español.

Las Islas Canarias están:
- al noreste de España.
- cerca de África.
- en el Océano Atlántico.
- en el Mar Mediterráneo.

**2. ¿Conoces bien el Teide?**
Di si las afirmaciones son verdaderas o falsas y después corrige cuando es necesario con frases completas.

**a.** El Teide es un volcán situado en la isla de Lanzarote. ☐ V ☐ F

..........................................................................................................

**b.** Forma parte del Patrimonio de la Humanidad. ☐ V ☐ F

..........................................................................................................

**c.** Es el pico más alto de España. ☐ V ☐ F

..........................................................................................................

**d.** El Teide domina las playas de arena blanca. ☐ V ☐ F

..........................................................................................................

**3. Contesta a las preguntas acerca de César Manrique.**

**a.** ¿Quién es César Manrique?

..........................................................................................................

..........................................................................................................

..........................................................................................................

**b.** ¿Cuál es el punto en común entre su arte y su casa?

..........................................................................................................

..........................................................................................................

# Taller de teatro

MP3
Piste 20

# Un artista en Lanzarote

**1.** **Rodea la isla en la que están los amigos y sitúala.**

Esta isla está ..................................................................

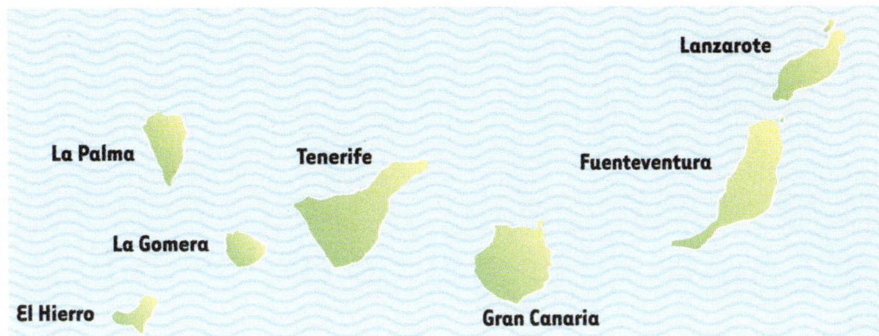


**2.** **¿Cómo se llama el famoso artista local?**

..................................................................................................................................

**3.** **Indica con una cruz lo que expresan estas frases exclamativas.**

| | EVIDENCIA | ÁNIMO | SORPRESA | QUEJAS |
|---|---|---|---|---|
| **Escena 1** | | | | |
| Mirta: ¡Pero qué calor hace aquí! | | | | |
| Samuel: Claro, ¡estamos cerca de África! | | | | |
| Samuel: ¡A ver quién llega primero! | | | | |
| **Escena 2** | | | | |
| Daniel: ¡Qué pasillo tan largo y tan ancho! | | | | |
| Samuel: Aquí está la nuestra. ¡Vamos! | | | | |
| Daniel: ¡Qué grande es y qué literas tan altas! | | | | |
| Mirta: A ver, ¡no me lo puedo creer! | | | | |
| Lo estás leyendo al revés, ¡es el número 6! | | | | |
| Leonor: ¡Es el calor! ¡No puedo más! | | | | |
| **Escena 3** | | | | |
| Mirta: ¡Pero si es la guía! | | | | |

## Tous en scène !

- Interprète la scène en prenant en compte tous ces éléments (intonations et gestes).
- Pense à prendre les accessoires nécessaires (des feuilles, un guide, une clé…), et à t'éventer pour bien interpréter la scène sous la chaleur !

# Leyenda de Olivina y la piedra verde

*Cette lecture d'un texte un peu long doit te permettre d'apprendre à comprendre l'espagnol écrit de manière autonome. Les exercices ci-dessous vont t'aider à construire une stratégie de lecture globale.*

- *Utilise tous les indices mis à ta dispositions dans la présentation du texte et autour de lui.*
- *Ne cherche pas à comprendre chaque mot, mais le sens général.*
- *Lis le texte plusieurs fois à la recherche de précisions et surtout une dernière fois après avoir fait les exercices pour découvrir ce que le texte te dit.*

## 1 Antes de leer el texto: los indicios

**1. Observa la página y anota los dos primeros elementos que te llaman la atención.**
Pueden ser muy variados: disposición del texto, fotos, colores, palabras…

..........................................................................................

..........................................................................................

**2. Lee el título y la fuente** *(la source)* **y contesta.**

**a.** ¿Qué tipo de texto es?

○ un extracto de novela ○ una leyenda ○ un cuento

**b.** ¿Dónde está situada la acción?

○ en las Islas Baleares ○ en las Islas Canarias

**3. Ahora, lee la introducción y di cuándo se sitúa la acción.**

..........................................................................................

**Copia las palabras de la introducción que lo explican.**

..........................................................................................

**4. Anota todos los elementos que conoces ya y que te permiten imaginar el tema del texto.**

..........................................................................................

..........................................................................................

**Di en una frase lo que imaginas.**

..........................................................................................

## 2 Lee y comprende: el sentido

**1. Después de una primera lectura, ¿cómo puedes resumir el texto?**

**a.** Elige la respuesta correcta.

☐ La leyenda explica cómo vivía la gente en aquellos tiempos remotos.

☐ La leyenda habla de los dioses de la isla de Lanzarote.

☐ La leyenda nos da una explicación mágica del color de las piedras del volcán.

**b.** Compara con tu respuesta a la pregunta 4.

..................................................................................................................

**2. Lee otra vez y contesta.**

**a.** En la leyenda, Olivina ayuda a…

☐ su tío Tomás. ☐ sus hermanos. ☐ su abuelo Tomás.

**b.** Un día… ☐ Olivina se pierde. ☐ una oveja se pierde.

**c.** Olivina llora porque… ☐ una oveja está muerta. ☐ su abuelo está muerto.

**3. Lee otra vez y anota todo el vocabulario relativo a los colores.**

..................................................................................................................

..................................................................................................................

## 3 Recuerda: tu lectura

**1. Lee otra vez el texto y anota las palabras importantes para comprender la leyenda.**

..................................................................................................................

..................................................................................................................

..................................................................................................................

**2. Explica en dos frases o más lo que te gusta o no en este texto.**
**Puedes opinar** *(donner ton avis)* **también sobre la organización de la página, las fotos…**

..................................................................................................................

..................................................................................................................

..................................................................................................................

LECCIÓN 1

# ¿Cómo vistes para ir al cole?

## 1 Prepárate

**Descubre lo que reciben los niños de la foto. Completa el recuadro con las palabras que se esconden en esta pizarra. Clasifícalas según su categoría.**
**¡Ojo! A veces dos o tres palabras designan un objeto.**

| | Uniforme | Material escolar |
|---|---|---|
| gra / lí / fo / bo | .............................. | .............................. |
| chi / mo / la | .............................. | .............................. |
| das / fal | .............................. | .............................. |
| da / gen / a | .............................. | .............................. |
| che / tu / es | .............................. | .............................. |
| mi / ca / sa | .............................. | .............................. |
| res / lá / de / co / ces / pi / lo | .............................. | .............................. |
| der / no / cua | .............................. | .............................. |
| lo / pan / ta / nes | .............................. | .............................. |
| si / ca / cla / do / res / fi | .............................. | .............................. |
| tos / pa / za | .............................. | .............................. |
| seys / jer | .............................. | .............................. |
| men / ga / pe / to | .............................. | .............................. |
| je / ti / ras | .............................. | .............................. |

## 2 Escucha y escribe

CLASSE 2
Piste 11

**1. Elige la respuesta correcta.**

**a.** ¿Dónde ocurre la escena?
◇ en el colegio de Gijón en Asturias.
◇ en el instituto de Lanzarote en Canarias.
◇ en un instituto de Cataluña.

**b.** El problema es:
◇ el comportamiento de algunos alumnos.
◇ las reivindicaciones de un grupo de alumnas.
◇ la forma de vestir de algunos alumnos.

**c.** En España,… ◇ …solamente los alumnos de los colegios privados visten uniforme.
◇ …los alumnos de los colegios públicos como los del privado pueden vestir uniforme.

**Justifica tu respuesta.**

……………………………………………………………………………………

……………………………………………………………………………………

**2.** **Clasifica los modos de vestir que oyes según estas dos categorías. Completa cada lista con otras palabras de ropa que conoces.**

| **Prendas formales** | **Prendas prohibidas en el colegio** |
| --- | --- |
| ………………………… | ………………………… |
| ………………………… | ………………………… |
| ………………………… | ………………………… |
| ………………………… | ………………………… |
| ………………………… | ………………………… |
| ………………………… | ………………………… |

**3.** **Subraya en verde los argumentos a favor del uniforme y en rojo los argumentos en contra del uniforme.**

- Porque me gusta estar de moda.
- Permite evitar los conflictos entre los alumnos por la ropa.
- Los uniformes escolares son feos y ridículos.
- Representa un colegio y crea una cohesión de grupo.
- Permite ahorrar dinero.
- No me gusta la idea de vestirme como mi compañero.
- No puedes tener un estilo propio.
- Evitas la guerra de marcas.

# ¿Cómo vistes para ir al cole?

## 3 Lengua

**1. Completa este crucigrama con las formas de VESTIR en presente de indicativo.**

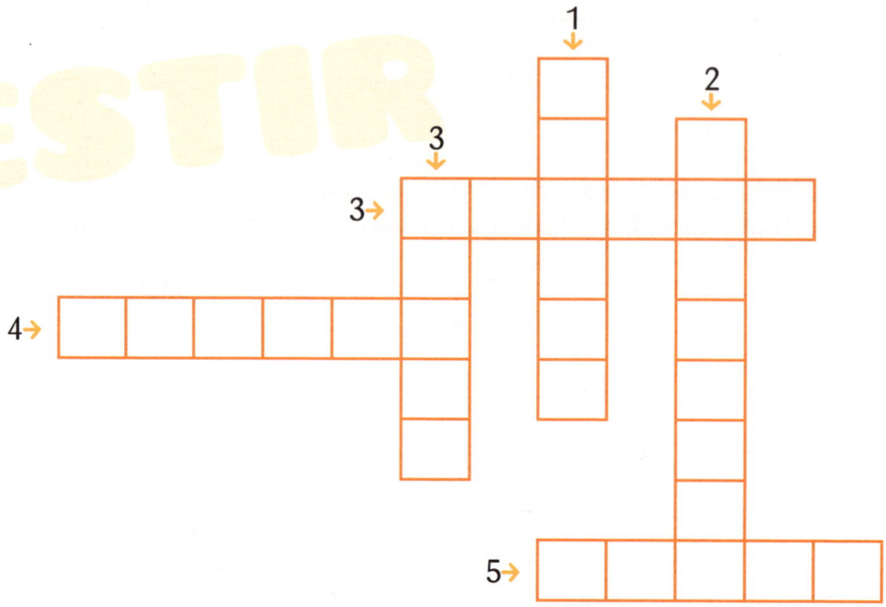


**Vertical**

**1.** 3era de plural
**2.** 1era de plural
**3.** 3era de singular

**Horizontal**

**3.** 2da de singular
**4.** 2da de plural
**5.** 1era de singular

**2. Chateas en un foro con alumnos(as) mexicanos(as) sobre el uso del uniforme escolar. Completa la conversación dando tu opinión.**

| | |
|---|---|
| **Raúl** | **En mi colegio, vestimos todos uniforme escolar y no me molesta** *(cela ne me dérange pas)*. |
| **Luisa** | **Pues yo, no estoy a favor porque quiero tener mi propia forma de vestir.** |
| ........................ | ........................................................................ |

# Convivir con reglas

## 1 Prepárate

**Observa el cartel y coloca el nombre de las profesiones al lado del (de la) niño(a) correspondiente.**

- un director/ una directora de cine
- un cocinero/ una cocinera
- un pintor/ una pintora
- un médico/ una médica
- un/una cantante
- un/una albañil

## 2 Escucha y escribe

CLASSE 2 Piste 12 — DVD Piste 10

**1. ¿Verdadero o Falso? Justifica cuando las afirmaciones son falsas.**

| | V | F |
|---|---|---|
| **a.** La escena ocurre en el patio de recreo. | ☐ | ☐ |
| **b.** Los alumnos se rebelan porque quieren menos deberes. | ☐ | ☐ |
| **c.** Los alumnos no quieren hacer el examen sorpresa porque dicen que es ilegal. | ☐ | ☐ |

| | V | F |
|---|---|---|
| **d.** El reglamento del colegio dice que hay que avisar de los exámenes con cuatro días de antelación. | ☐ | ☐ |
| **e.** Al final hay examen sorpresa. | ☐ | ☐ |

**2.** **Escucha y completa el cuadro.** MP3 Piste 21

| «r» simple | «r» roulé |
|---|---|
| ........ | ........ |
| ........ | ........ |
| ........ | ........ |
| | ........ |

**3.** **Escucha y rodea las palabras que oyes.** MP3 Piste 22

› *perro* › *pero* › Ramón › jamón › *carro*
› *caro* › ira › hija

## 3 Lengua

**1.** **Con tus compañeros, creáis un cartel sobre las normas de conducta en clase de español. Escribe la regla que corresponde a cada dibujo e inventa otras dos normas que te parecen importantes.**

........

........

........

........

........

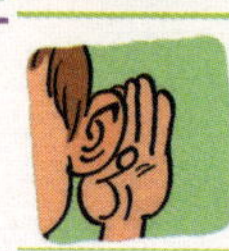
........

**2.** **Ahora completa las frases.**

Para mí, la regla más importante es ........ porque ........

Mi objetivo del trimestre es ........

## ¡Lo bueno de la escuela!

LECCIÓN 3

## 1 Prepárate

CLASSE 2 Piste 13 — DVD Piste 11

**1.** ¿Qué hora es?

.................... .................... .................... .................... ....................

.................... .................... .................... .................... ....................

**2.** Completa el resumen de *La rutina de Zamara* con las palabras correspondientes.

salir va escuela gusta sueños cable padre diez río gustan peligroso veterinaria

En Colombia, Zamara, una niña de .................... años cruza el .................... con un .................... cuando .................... a la escuela.

Su .................... le ayuda cada mañana porque el río es extremadamente ....................

Ir a la .................... le permite lograr sus .................... y .................... adelante.

A Zamara le .................... estudiar y quiere ser .................... porque le .................... los animales.

## 2 Lee y escribe

Relaciona cada artículo con la niña correspondiente.

Ixa ✗ Rosa ✗ Esther ✗

✗ A ella le gusta ir a la escuela porque le permite aprender mucho.

Además se siente feliz porque sólo estudia y no trabaja.

✗ Para ella, ir al colegio es importante: le permite tener un futuro mejor.

También dice que se divierte en clase.

✗ No sólo va a la escuela, sino también se ocupa de sus hermanos, realiza tareas domésticas y trabaja vendiendo especialidades de su país.

## 3 Lengua

**1. Completa las frases con la preposición "a" cuando es necesario.**

**a.** Martín y yo vamos .......... las clases de informática los lunes por las mañanas.

**b.** Veo .......... la puerta del colegio y .......... Sara.

**c.** Como en casa cada día .......... las tres en punto de la tarde.

**d.** .......... las seis, tus hermanos y tú, vais .......... hacer los deberes.

**e.** Me como .......... dos tortillas con mole.

**2. Explica cuál es tu momento favorito del día en el cole, adónde vas, a qué hora, a quién ves…**

..........................................................................................

..........................................................................................

..........................................................................................

**3. Asocia los elementos para formar frases correctas.**

Veo a
- mi profesora de artes plásticas.
- los horarios escolares.

Llevo a
- mi mochila.
- mi hermana menor.

Tengo
- clase a las nueve en punto de la mañana.
- las nueve en punto de la mañana.

# Camino del cole

## 1 Prepárate

**Mira el plano, escucha los itinerarios e indica adónde llegan las personas que hablan.** MP3 Piste 23

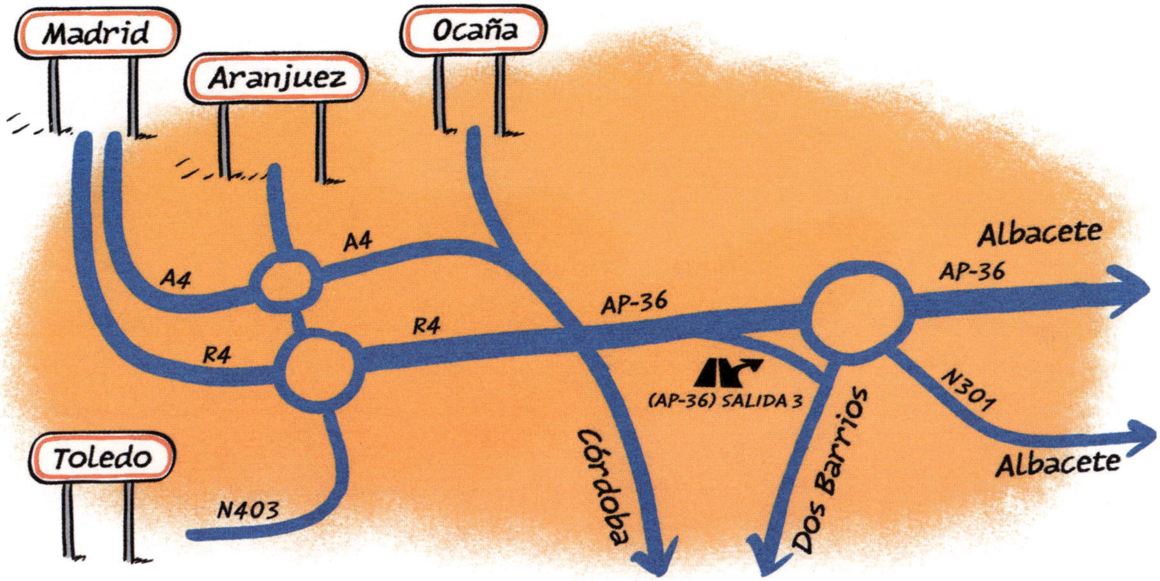


........................................................................................................................

........................................................................................................................

........................................................................................................................

## 2 Lee y escribe

**Subraya en el texto los elementos que caracterizan al protagonista.**

Sin quitar la vista de la carretera, miro rápidamente al reloj del salpicadero del coche: las ocho y media. Voy muy bien de tiempo y calculo que si llego al colegio antes de las nueve, me va a dar tiempo a tomar un café y hacer un par de fotocopias [...] Sigo recto un par de kilómetros más y llego a la calle Prosta. Tuerzo a la izquierda y sin mayores problemas cruzo el paso a nivel y el puente. [...] Bueno, una vez cruzado el puente ya estoy prácticamente en mi escuela. Sólo tengo que conducir unos cincuenta metros más y girar a la izquierda.

Darío Gómez ESCUDERO, *Un día cualquiera*, 2011

## 3 Lengua

**1. Completa el crucigrama con las formas del verbo "SEGUIR" en presente de indicativo.**

**Vertical**
**1.** $2^{da}$ de singular
**2.** $1^{era}$ de singular
**3.** $2^{da}$ de plural

**Horizontal**
**3.** $3^{era}$ de plural
**4.** $3^{era}$ de singular
**5.** $1^{era}$ de plural

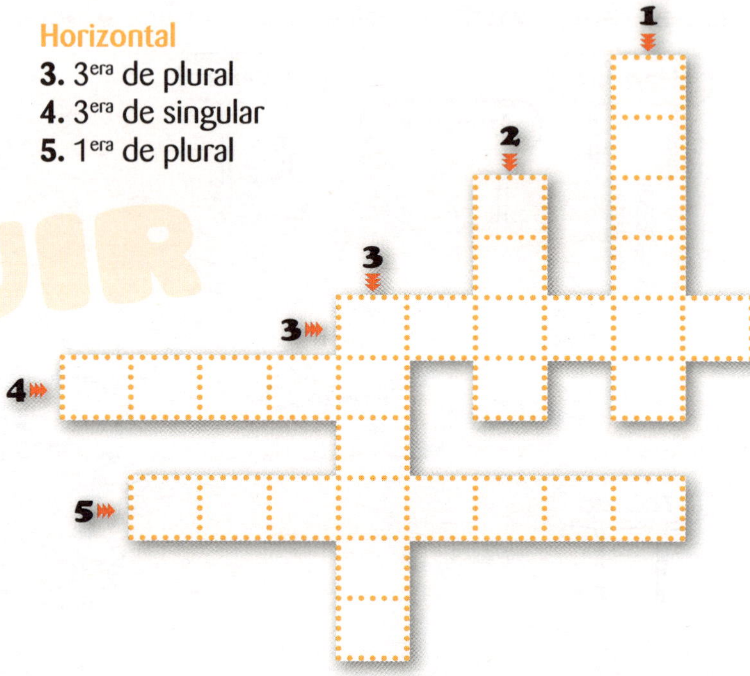


**2. Seguro que sigues el mismo itinerario cada día para ir al cole. ¿Qué carretera(s), calle(s), camino(s) sigues?**

..............................................................................................................................

..............................................................................................................................

..............................................................................................................................

..............................................................................................................................

## 3. Juego de "batalla naval"

| Mi flota | yo (me) | tú (te) | él, ella, usted (se) | nosotros (nos) | vosotros (os) | ellos, ellas, ustedes (se) |
|---|---|---|---|---|---|---|
| vestir | | | | | | |
| seguir | | | | | | |
| decir | | | | | | |
| vestir(se) | | | | | | |
| pedir | | | | | | |
| elegir | | | | | | |
| corregir | | | | | | |

| La flota de mi adversario | yo (me) | tú (te) | él, ella, usted (se) | nosotros (nos) | vosotros (os) | ellos, ellas, ustedes (se) |
|---|---|---|---|---|---|---|
| vestir | | | | | | |
| seguir | | | | | | |
| decir | | | | | | |
| vestir(se) | | | | | | |
| pedir | | | | | | |
| elegir | | | | | | |
| corregir | | | | | | |

**REGLAS PARA JUGAR:**

Formar dos equipos, cada grupo pone sus barcos sin que el otro mire:

dos barcos de una casilla

\+ un barco de dos casillas

\+ un barco de tres casillas

Un equipo propone un verbo conjugado correctamente.
Si toca un barco, decid "Tocado" y el otro equipo vuelve a proponer.
Si no toca un barco, decid: "¡Agua!"
Cuando el barco está hundido, decid: "¡Tocado y hundido!"

# Explorando

## Quizz

**1.** Cita un país hispanohablante de América del norte en que visten uniforme en el instituto. ..........

**2.** ¿Adónde van los alumnos españoles si tienen algún problema en el colegio?

..........

**3.** ¿Cuál es la moneda de Nicaragua?

..........

**4.** Cita una especialidad nicaragüense.

..........

**5.** ¿En qué ciudad se puede visitar la Basílica del Pilar?

..........

**6.** ¿Dónde se sitúa el lago Titicaca?

..........

## Las prendas de vestir

Busca las palabras siguientes relacionadas con la ropa en esta sopa de letras.

camiseta • falda • pantalones • tirantes • uniforme • zapatos • vestimenta

| | | | | | | | | | | | |
|---|---|---|---|---|---|---|---|---|---|---|---|
| I | F | V | R | K | N | W | E | A | G | E | S |
| Y | A | E | I | F | X | E | A | B | I | L | E |
| X | L | S | O | T | A | P | A | Z | H | S | T |
| N | D | T | J | J | P | F | Ñ | X | E | A | N |
| R | A | I | P | P | S | H | F | N | U | A | A |
| M | E | M | U | N | I | F | O | R | M | E | R |
| Y | Y | E | S | P | L | L | E | E | M | M | I |
| M | N | N | A | F | A | D | J | Z | Z | P | T |
| W | Q | T | T | T | C | U | R | C | F | Z | Z |
| V | R | A | N | X | A | L | F | J | L | G | I |
| Y | J | A | A | T | E | S | I | M | A | C | X |
| W | P | Y | A | G | B | M | O | X | H | N | E |

## Las profesiones

**Adivina qué profesión ejerce.**

**a.** Realiza documentales y películas. ..............................

**b.** Prepara buenas recetas. ..............................

**c.** Cuida a las personas enfermas *(malades)*. ..............................

**d.** Crea cuadros y tiene talento. ..............................

**e.** Construye casas y edificios. ..............................

**f.** Canta muy bien y sabe interpretar las canciones. ..............................

## El itinerario

Multi media

DVD Piste 12

# Taller de vídeo

**PRIMERA PARTE: Mira el vídeo hasta 1.53**

**1. Elige la(s) respuesta(s) que describe(n) el estado de ánimo de la persona misteriosa.**

En su trabajo, la persona misteriosa se siente:

☐ feliz ☐ agobiada *(submergée)* ☐ contenta ☐ humillada ☐ triste

**2. Contesta a las preguntas sobre su horario de trabajo.**

¿Cuántas horas al día trabaja la persona misteriosa?

en su lugar de trabajo: ........................................

en casa ........................................

¿Descansa *(se repose-t-elle)* durante sus vacaciones y los fines de semana?

........................................

**SEGUNDA PARTE: 1.53 hasta el final**

**1. Finalmente, ¿quién se esconde** *(se cache)* **detrás de la pantalla?**

........................................

**2. Tacha (✔) la(s) respuesta(s) correctas.**

El objetivo de este vídeo es mostrar…

☐ … la cantidad de deberes de los niños en España.

☐ … el tiempo que pasan los niños españoles jugando.

☐ … el equilibrio necesario para un(a) niño(a) entre el trabajo y el tiempo libre.

# Taller de audio

CLASSE 2
Piste 15

**A partir de los documentos, di en qué responde o no esta canción al estilo Rocanrol.**

**rocanrol**

Del ingl. *rock and roll.*

**1.** *m.* Género musical de ritmo muy acentuado, derivado de la mezcla de diversos estilos del folclore estadounidense y popularizado desde la década de 1950. U. t. c. *adj.* Música rocanrol. La era rocanrol.

**2.** *m.* Baile que se ejecuta a ritmo de rocanrol

## Definición de Rock

**El rocanrol está asociado desde sus inicios con la rebeldía de los jóvenes. Obviamente esta rebeldía que se manifiesta en la forma, la estética y las letras está en estrecha vinculación con la época histórica en que nace: el movimiento hippie exigiendo libertad y el enfrentamiento con el sistema.**

..................................................................................................

..................................................................................................

..................................................................................................

# Taller informático

**Clasifica estas actividades según sus categorías.**

Planeta hispánico

# EL LAGO TITICACA
## un lugar ancestral

**1. Completa el mapa con los nombres de los países donde está el lago Titicaca.**

**2. Acuérdate y elige la(s) respuesta(s) correcta(s).**

Los habitantes de la zona siguen las tradiciones del imperio:

☐ maya ☐ inca ☐ azteca

**3. Completa la presentación del lago Titicaca.**

Es el lago navegable más .............................. y el segundo lago más .............................. del planeta.

**4. ¿Verdadero o Falso?: justifica si las afirmaciones son falsas.**

**a.** En esta zona siempre hace buen tiempo. V ☐ F ☐

..................................................................................................................................

**b.** Los alumnos de la zona van al cole en barco de motor. V ☐ F ☐

..................................................................................................................................

**c.** Hay familias que viven en islas flotantes. V ☐ F ☐

..................................................................................................................................

**5. Contesta a cada pregunta escribiendo una frase completa.**

**a.** ¿Con qué material construyen los uros sus islas y sus embarcaciones?

..................................................................................................................................

**b.** ¿Por qué el lago Titicaca es ancestral?

..................................................................................................................................

Taller de teatro

# Vestido para la ocasión

MP3
Piste 24

**1.** **¿Qué sabes de Perú?**

**a.** ¿Qué hacen los alumnos peruanos cada mañana en el patio de recreo?

..........................................................................................................

**b.** ¿Qué visten los alumnos peruanos? ..........................................................

**c.** ¿Qué son los caballitos de totora? ..........................................................

**d.** ¿Qué significa "Uro"? ..........................................................

**e.** ¿Cómo se dice "de nada" en quechua? ..........................................................

**2.** **Asocia cada personaje con la frase que le corresponde.**

"Lo salpica una rana."

"Tiene miedo de perder el barco."

"Lee el folleto."

"Da ropa seca a Daniel."

**3.** **¿Cómo se traduce? Relaciona cada expresión con su traducción**

| | | | |
|---|---|---|---|
| ¡Rápido, que perdemos el barco! | ◊ | ◊ | Bien-sûr, ne t'inquiète pas et profite. |
| Claro, no te preocupes y disfruta. | ◊ | ◊ | Voici un poncho. |
| Aquí tienes un poncho. | ◊ | ◊ | Vite, on va rater le bateau! |

**4.** **¡Aprende otras expresiones idiomáticas!**

**SORPRESA** → *Cuando Marta se da cuenta de que es un colegio* **¡ANDA! ...**

**ADMIRACIÓN** → *Palabra que utiliza Daniel para hablar a Roberto* **¡JO! ...**

**ASOMBRO** → *Cuando Samuel descubre la barca* **¡QUÉ...!**

## Tous en scène !

Pense à utiliser ces expressions pour interpréter la scène !

¿Y tú, qué has hecho? A1+

tema 4

LECCIÓN 1

# Nos gusta esta ciudad

## 1 Prepárate

MP3 Piste 25

**¿Conoces Madrid? Escucha la grabación y relaciona cada foto con su definición.**

La Cibeles

El Prado

La Plaza Mayor

El Manzanares

El Oso y el Madroño

La Puerta del Sol

Atocha

- una plaza con restaurantes
- el río que atraviesa la capital
- una fuente
- un jardín en una estación de trenes
- el símbolo de Madrid
- un museo
- donde los madrileños se reúnen para el Año Nuevo

## 2 Escucha

CLASSE 2 Piste 17

**1. Escoge la respuesta correcta.**

**a.** David Muñoz: diseña moda. ☐ es chef de un restaurante madrileño. ☐ trabaja en el metro. ☐

**b.** A los turistas les gusta pasear por los parques de Madrid porque:
se parecen a los de Tokio. ☐ es un buen plan para descubrir la ciudad. ☐ es la segunda ciudad del mundo con más árboles. ☐

**c.** En el audio se habla: del museo del Prado. ☐ del museo del metro de Chamberí. ☐ de un museo de fantasmas. ☐

**2. Contesta a las preguntas.**

**a.** Cita los tres puntos fuertes de la capital según los periodistas.

..........

..........

**b.** ¿Qué tipo de cocina ofrece el restaurante DiverXo?

..........

..........

**c.** ¿ Qué dice Juan en su mensaje?

..........

..........

**3. Di lo que te gusta y/o lo que no te gusta de Madrid.**

..........

## 3 Lengua

**1. Forma frases con las palabras conjugando *gustar* o *encantar* en presente.**

**a.** gustar / A vosotros / pasear por El Retiro.

..........

**b.** los platos de David Muñoz. / encantar / A Paula y a Marta

..........

**c.** la naturaleza. / gustar / A nosotros

..........

**2. Escribe de otra forma con el mismo sentido las frases siguientes.**

**a.** No como nunca en restaurantes de chef.

..........

**b.** Últimamente, no me apetece nada.

..........

**c.** Nadie viene cuando hace mucho calor.

..........

**3.** Con un(a) compañero(a), escribes un *e-mail* a un amigo madrileño que os ha mandado fotos para preparar vuestro viaje.
Justificad según vuestros gustos lo que queréis hacer o no.

**Mensaje nuevo**

Archivo | Edición | Ver | Insertar | Formato | Herramientas | Mensaje | Ayuda

Enviar | Cortar | Copiar

**De:** ..............................

**Para:** ..............................

**Asunto:** ..............................

..............................................................................................................

..............................................................................................................

..............................................................................................................

..............................................................................................................

..............................................................................................................

..............................................................................................................

..............................................................................................................

# Por la ciudad sin coche

## 1 Prepárate

**1. Vives en Argüelles con tu familia. Tu hermano quiere ir a un concierto en la Ópera. Mira el plano de metro del libro, ordena las etapas y explícale cómo llegar hasta allí.**

**a.** Coger la línea roja hasta la estación de Ópera. ☐

**b.** Coger el metro, línea marrón. ☐

**c.** Salir de casa. ☐

**d.** Hacer transbordo en San Bernardo. ☐

**2. La lettre « h »**

**a.** ¿Qué palabras conoces que empiezan con « h »? Cita por lo menos cuatro.

..............................................................................................................................

**b.** Escucha y escribe las palabras de la grabación que empiezan por « h ». MP3 Piste 26

..............................................................................................................................

## 2 Comunica

**¿Qué medio de transporte te parece más práctico y por qué? Anota tres argumentos antes de presentarlos a la clase.**

..............................................................................................................................

..............................................................................................................................

## 3 Lengua

**Completa los sms con las preposiciones a / en / por / desde / hasta.**

**Marta:** Hola, Pablo. Acabo de llegar .................... Madrid y necesito ayuda para ir .................... mi hotel que está .................... la plaza de Callao.

**Pablo:** Vale. Entonces, coges la línea azul .................... la estación de Chamartín .................... la estación de Gran Vía. Al salir del metro, puedes ir andando .................... la Gran Vía .................... llegar a la plaza. Nos vemos allí.

LECCIÓN 3

# Ocio de fin de semana

## 1 Prepárate

**El Centro de la Juventud de tu barrio organiza un concurso de carteles para promover el ocio de fin de semana. Realiza el tuyo (actividades que te gustan, horarios, lugares…).**

- Escribe aquí la información necesaria:
nombre del centro, actividades para cada edad, horarios, lugares, precio, cómo llegar...
- Ilustra tu cartel con dibujos o fotos. ¡Recuerda poner los créditos de las fotos que utilizas!

## 2 Lee

**1. ¿Quiénes son los personajes del texto? ¿Qué relación hay entre ellos?**

.......................................................................................................................

**2. ¿Qué tipo de chico es Borja? Subraya los adjetivos adecuados. Justifica con el texto.**

**a.** organizado / desorganizado

.......................................................................................................................

**b.** sedentario / deportista

.......................................................................................................................

**c.** sociable / tímido

.......................................................................................................................

**3.** Apunta la frase que muestra que los chicos juegan al tenis todos los viernes.

..................................................................................................................

## 3 Lengua

**1.** Borja y Felipe han pasado la tarde juntos. Ordena los dibujos y di qué han hecho.

..................................................................................................................

..................................................................................................................

..................................................................................................................

..................................................................................................................

**2.** Hoy ha sido tu día ideal. Escribe cuatro acciones de la mañana y cuatro de la tarde. Utiliza los conectores lógicos.

*Esta mañana,* ..................................................................................................

..................................................................................................................

..................................................................................................................

..................................................................................................................

..................................................................................................................

*Esta tarde,* ......................................................................................................

..................................................................................................................

..................................................................................................................

..................................................................................................................

..................................................................................................................

LECCIÓN 4

# Invitados a una fiesta

## 1 Prepárate

**Los amigos están satisfechos. Han preparado todo para la fiesta del cumpleaños de su compañero(a). Escribe lo que dice cada uno para explicar lo que ha hecho.**

Sofía: ..........................................................................................

Mina: ..........................................................................................

Carlos: ..........................................................................................

Rubén: ..........................................................................................

## 2 Lee y escribe

**Un amigo de Aiona no ha leido su blog. Le manda un mensaje para preguntarle detalles sobre lo que ha pasado. Imagina cuatro de las preguntas que le hace.**

..........................................................................................

..........................................................................................

..........................................................................................

## 3 Lengua

**1. Encuentra lo que han hecho para la fiesta de cumpleaños de Javier. ¡Ojo ! Cada vez hay una letra intrusa entre « haber » conjugado y el participio pasado.**

| | | | | | | | | | | | | | | | | |
|---|---|---|---|---|---|---|---|---|---|---|---|---|---|---|---|---|
| H | A | N | V | D | E | C | O | R | A | D | O | U | J | M | E | Q |
| I | H | A | X | O | Y | H | A | E | H | E | C | H | O | F | U | K |
| Q | L | A | N | V | B | X | U | F | U | H | E | R | T | G | A | S |
| Y | L | W | R | Z | R | E | Q | T | L | E | O | V | I | W | W | E |
| F | J | O | F | N | I | T | C | V | Z | M | E | E | H | K | G | D |
| H | A | K | C | O | M | P | R | A | D | O | K | W | T | B | R | O |
| L | A | J | E | W | B | N | E | W | A | S | T | Z | R | H | B | X |
| H | A | N | O | C | A | N | T | A | D | O | P | B | B | T | P | N |
| P | A | L | A | Z | E | W | T | G | Z | B | F | P | U | Q | Q | T |
| J | O | Y | M | P | H | A | U | P | Q | A | W | J | B | N | Q | A |
| M | B | A | M | M | U | A | M | Y | P | I | F | M | T | R | T | Y |
| A | Y | M | O | R | V | E | P | E | J | L | R | U | S | Q | Q | E |
| O | A | B | Y | D | V | Z | S | L | U | A | Z | U | O | C | I | Y |
| B | C | W | O | I | F | G | E | T | C | D | Z | L | N | V | Z | W |
| K | L | H | Z | U | O | N | P | A | O | O | A | N | U | O | Z | K |
| N | P | B | U | J | X | H | A | X | S | O | P | L | A | D | O | P |
| J | F | C | E | U | D | D | K | X | J | H | O | F | E | I | J | O |

**2. Has celebrado tu cumpleaños. Le mandas un *e-mail* a Pablo, tu mejor amigo, que no ha podido venir, para contarle la fiesta. Utiliza el vocabulario siguiente, poniéndolo en orden:** abrir los regalos / poner la mesa / hacer y cortar la tarta / decorar la casa / comer todos juntos / ver a toda mi familia / soplar las velas / pasarlo muy bien

**Mensaje nuevo**

De: ..........................................................

Para: pablo.garcia@anímate.es

Asunto: ¡¡¡mi cumpleaños!!!

Hola, Pablo:
Ya que no has podido venir, te cuento la fiesta de mi cumpleaños..........................................

..........................................................

..........................................................

..........................................................

# Explorando

## Quizz

**1.** ¿Qué parque puedes visitar en Madrid?

.........................................................................................................................

**2.** ¿Qué medio de transporte promociona el cartel *Enbiciate*?

.........................................................................................................................

**3.** Di dos actividades que puedes hacer en un Espacio Joven.

.........................................................................................................................

**4.** Di tres cosas que se pueden hacer en un cumpleaños.

.........................................................................................................................

.........................................................................................................................

## Medios de transporte

**Localiza cinco medios de transporte en la sopa de letras.**

1. ..............................................................
2. ..............................................................
3. ..............................................................
4. ..............................................................
5. ..............................................................

| | | | | | | | | | |
|---|---|---|---|---|---|---|---|---|---|
| V | Z | M | E | Z | U | U | Ñ | H | D |
| Ñ | H | E | A | A | G | N | U | Z | Q |
| B | O | Ñ | I | X | V | K | O | Q | C |
| L | U | M | V | M | W | E | Y | B | J |
| C | X | B | N | D | D | O | Q | F | S |
| P | T | E | A | N | B | Z | Z | O | U |
| V | B | I | R | Q | N | H | B | H | B |
| Z | E | D | T | N | N | M | I | R | O |
| B | P | Ñ | Y | T | G | R | C | U | T |
| E | W | H | Ñ | C | T | L | I | G | U |
| T | H | H | W | Q | W | Ñ | C | M | A |
| Y | B | C | Ñ | F | P | E | L | Q | R |
| A | M | Ñ | O | O | R | T | E | M | E |
| U | A | Ñ | H | C | A | F | T | W | L |
| Ñ | L | S | P | N | P | C | A | S | C |

## La fiesta

**1. Encuentra la palabra que corresponde a cada definición.**

**a.** Están en la tarta y cada año se añade una. ..............................................

**b.** Son de caucho y flotan en el aire. ..............................................

**c.** Tiras en forma de onda que sirven para decorar en las fiestas. ..............................................

**d.** Acción de moverse al ritmo de la música. ..............................................

**2.** Utiliza las palabras del ejercicio anterior y escribe dos frases para describir una fiesta.

........................................................................................................................

........................................................................................................................

## El itinerario

MP3 Piste 27

**Pablo ha invitado a Pedro a su cumpleaños, pero Pedro no sabe ir a su casa. Escucha las indicaciones de Pablo y marca los elementos del itinerario que oyes en el orden del audio. ¡Cuidado: hay intrusos!**

## El ocio

**Completa el mapa mental de tus hábitos de ocio.**

Mi tiempo de ocio

**Deporte**

..............................

..............................

..............................

..............................

**Música**

..............................

..............................

..............................

..............................

**Tecnología**

..............................

..............................

..............................

..............................

**Otros**

..............................

..............................

..............................

..............................

..............................

..............................

..............................

..............................

# Multimedia

## Taller de vídeo

DVD Piste 13

**1.** Mira las imágenes y relaciona con flechas los calificativos de la ciudad de Madrid.

**Madrid es...**

multicultural — accesible — moderna

**2.** Escoge dos adjetivos que califican a los madrileños, según este documento, y justifica tu elección con el vídeo.

◎ ecológicos ◎ solidarios ◎ dinámicos ◎ ambiciosos

..............................................................................................................

..............................................................................................................

## Taller de audio

CLASSE 2 Piste 19

**1.** Subraya las palabras relacionadas con la ciudad que aparecen en la canción.

motos - coches - avenida - humo - calle - polución

**2.** ¿Tiene el cantante una visión positiva o negativa de Madrid? Apunta las palabras o expresiones que lo confirman.

..............................................................................................................

..............................................................................................................

..............................................................................................................

..............................................................................................................

**3.** **Con un(a) compañero(a), clasifica los siguientes elementos en su caja correspondiente. Después, uno(a) defiende que le gusta la ciudad y otro(a) que no. Cada uno da argumentos.**

polución - museos - estrés - vida social - tráfico - oferta de ocio - poca naturaleza

**Ventajas**

..........

..........

..........

..........

..........

**Inconvenientes**

..........

..........

..........

..........

..........

## Taller informático

**Haz clic en "Mapa de disponibilidad" y busca la estación 496 en el recuadro "Núm. de estación".**

**a.** ¿Qué monumento importante puedes visitar?

..........

..........

**b.** Localiza el Teatro Nacional de Cataluña e indica el itinerario para llegar hasta allí.

..........

..........

..........

# Pasiones del Río de la Plata

**1.** **Mira el mapa de tu manual durante un minuto. Ahora, cierra el libro y complétalo con los nombres del río, de los países que atraviesa y de las ciudades principales. Después, tú corriges el mapa de tu compañero(a) y él/ella corrige el tuyo.**

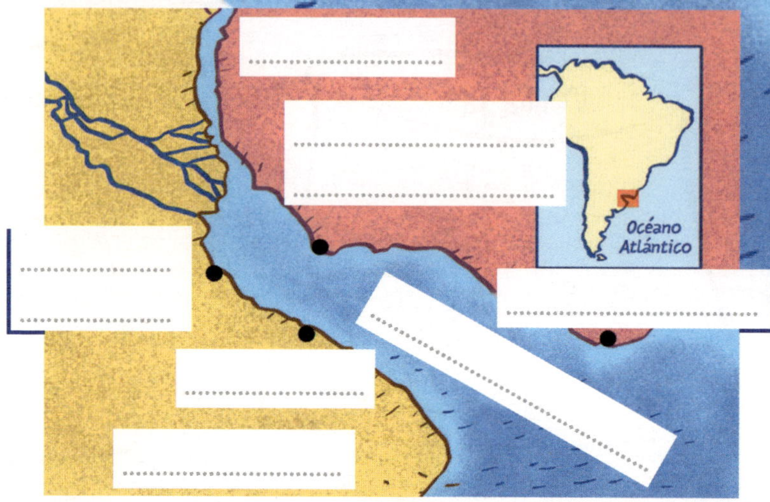


**2.** **Acuérdate de algunos datos.**

**a.** Cita la característica del río de la Plata.

..............................................................................................................................................

**b.** ¿Qué es el Clásico?

..............................................................................................................................................

**c.** ¿Cómo se llama el baile típico de esta zona?

..............................................................................................................................................

**3.** **Lee el texto y completa la definición del tango con las palabras siguientes.**

interpretarlo \ guitarra \ musical \ orquesta \ piano

Su forma .............................. es binaria. Una .............................. con instrumentos como el bandoneón, el .............................. y la .............................. suele ...............................

**4.** **Describe a los bailarines de la foto en tu libro utilizando dos o tres adjetivos.**

atléticos ~ unidos ~ sensuales ~ solidarios ~ ágiles ~ dinámicos

..............................................................................................................................................

..............................................................................................................................................

Taller de teatro

MP3
Piste 28

# Un cumpleaños inolvidable

**1. Relaciona personajes y acciones.**

| | |
|---|---|
| El portero ⊙ | ⊙ se han acordado del cumpleaños de Roberto. |
| Leonor y Mirta ⊙ | ⊙ ha jugado como un crack. |
| Las chicas, Samuel y Daniel ⊙ | ⊙ ha perdido el plano. |
| El número 9 ⊙ | ⊙ ha parado muchos goles. |
| Leonor ⊙ | ⊙ han ido a comprar bocadillos y un regalo. |

**2. Busca en el texto dos cosas que le gustan a la banda.**

.....................................................................................................

.....................................................................................................

## Culture

*El mate* est une infusion stimulante, comme le thé, le café ou le chocolat. Il est consommé depuis l'époque précolombienne. Actuellement, il fait partie de la culture des pays comme l'Argentine, la Bolivie, le Paraguay, l'Uruguay et aussi dans quelques zones du Brésil et du Chili.

## Tous en scène !

● Pour indiquer le changement de pays, vous pouvez fabriquer des petits drapeaux qui décoreront chaque scène. N'oubliez pas de préparer une enveloppe "cadeaux" contenant les billets du match de football.

● Écoute bien la piste 28 de ton MP3 et remarque l'intonation des mots argentins: *pibe*, ¡*che*!
*Pibe* est un mot familier qui veut dire 'gamin'. Le féminin est *piba*.
¡*Che*! est une expression argentine très populaire. On l'utilise pour appeler ou attirer l'attention d'une personne ou pour exprimer l'étonnement. On l'emploie aussi en Bolivie, Paraguay, Uruguay et à Valence (Espagne).

# El lago de los pumas de piedra

*Ceci est le deuxième texte qui t'est proposé en lecture autonome. Tu sais déjà aborder une lecture avec une stratégie de compréhension par étapes. Attache-toi d'abord au sens général. Essaye de définir les champs lexicaux mis en œuvre et n'hésite pas à lire et relire, même si le sens de quelques mots t'échappe. L'important est de se concentrer sur ce que tu comprends.*

## 1 Antes de leer el texto: los indicios

**¿De qué tipo de texto se trata? Anota todos los indicios que justifican tu respuesta.**

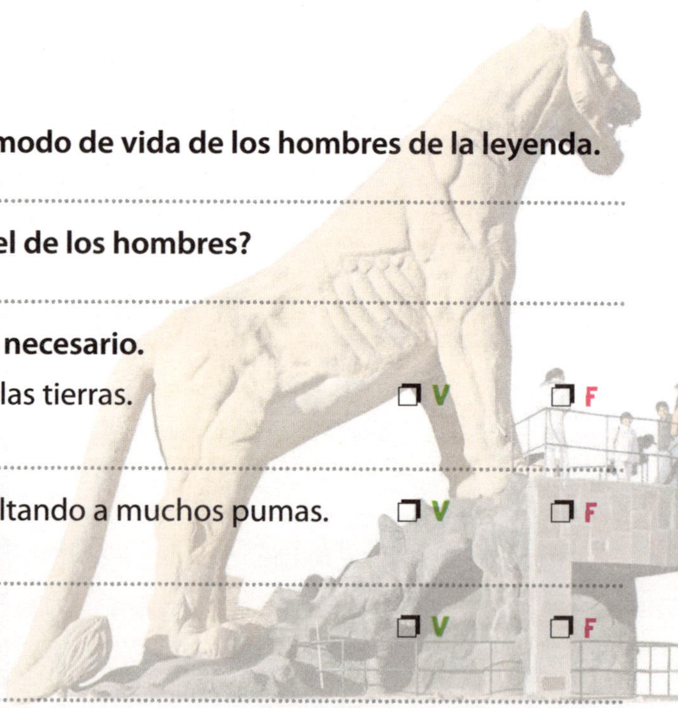

## 2 Lee y comprende: el sentido

**1. Anota las palabras que caracterizan el modo de vida de los hombres de la leyenda.**

**2. ¿Cuál era el territorio de los dioses? ¿Y el de los hombres?**

**3. ¿Verdadero (V) o falso (F)? Corrige si es necesario.**

**a.** Los hombres tenían prohibido cultivar las tierras. ❒ V ❒ F

**b.** Los dioses castigaron a los hombres soltando a muchos pumas. ❒ V ❒ F

**c.** Los pumas devoraron a una pareja. ❒ V ❒ F

**4. ¿Cuántas partes tiene el texto? Da un título a cada una de las partes.**

**5. Elige la frase que resume mejor el texto. Si quieres puedes redactar otra frase.**

**a.** El texto es un cuento sobre los pumas.

**b.** El texto es una leyenda sobre la formación del lago Titicaca por el dios Sol.

**c.** El texto es la descripción de un valle y de sus montañas.

# Y que siga sonando el bandoneón

## 1 Antes de leer el texto: los indicios

**Imagina el tema del poema leyendo solo el título.**

..........................................................................................

## 2 Lee y comprende: el sentido

**1. Destaca los dos temas desarrollados en el poema.**

❍ la música ❍ el baile
❍ la ropa cotidiana ❍ formas específicas de vestirse

**2. Anota el máximo de palabras relacionadas con los dos temas destacados.**

TEMA: ..........................................................

PALABRAS: ..........................................................

TEMA: ..........................................................

PALABRAS: ..........................................................

**3. Subraya los elementos correctos de cada lista.**

**a.** La chica viste: pantalones - pañuelo - zapatos de tacón - vestido - falda - bufanda.

**b.** El chico viste: traje - chándal - zapatillas de deporte - gorra - sombrero - zapatos.

**c.** Para bailar el tango tienes que: levantar los brazos - acariciar el piso con los pies - dar palmas con las manos - mirar a los ojos a tu pareja.

**4. Compara lo que dice el poema y la foto. ¿Qué le falta a la pareja para seguir exactamente los consejos del texto?**

..........................................................................................

**5. Escucha la grabación del poema y observa el ritmo. Si te gusta, léelo (o recítalo de memoria) ante la clase.**
**También, puedes cambiar la entonación y recitarlo en pareja de otra manera.**

# LECCIÓN 1 Hacia tierras desconocidas

## 1 Prepárate

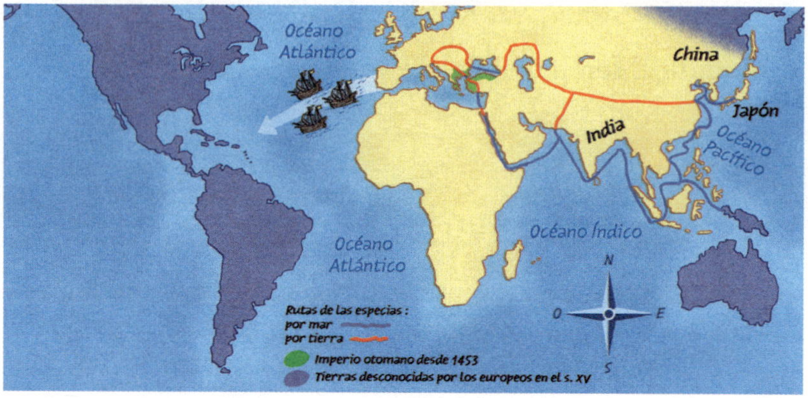


**Observa el mapa del mundo en 1492.**

**a.** Apunta las partes del mundo que se conocían antes de 1492.

..................................................................

..................................................................

**b.** ¿Por dónde pasaban las dos rutas de las especias?

..................................................................

**c.** ¿Qué parte del mundo quedaba por conocer?

..................................................................

## 2 Escucha y habla

CLASSE 2 Piste 23 — DVD Piste 14

**Escucha la grabación.**

**a.** ¿Qué tipo de documento es? ◎ una entrevista ◎ un reportaje.

**b.** El tema es el día: ◎ 13 de octubre ◎ 12 de octubre ◎ 2 de octubre.

**c.** Apunta los diferentes nombres que se dan a este día.

Día de .................................... / Día de ....................................

Día de .................................... / Día de ....................................

**d.** ¿A qué hecho histórico se refiere?

..................................................................

**e.** Marca la imagen que corresponde a lo que se creía antes de 1492.

☐

☐

**f.** Escucha atentamente y completa con los motivos de Colón.

**Cristobal Colón, un navegante genovés, estaba convencido de que la ............ no era ............, sino ............, o mejor dicho, esférica. Por lo tanto, proponía ............ hacia el ............ para ............ a ............ y así conseguir unas ............ ............ más ............ para el ............ con esa ............ del ............ .**

**g.** Los datos de la primera expedición de Colón:

La fecha de salida de su expedición: ............

El lugar de salida: ............

El nombre de la reina que le ayudó: ............

La duración de su viaje: ............

Los nombres de las tres carabelas:

............

............

............

Lugar de llegada:

............

............

............

**h.** ¿Cómo se sentía la tripulación? Justifica.

............

**i.** ¿Qué marinero gritó "Tierra, tierra"? ............

## 3 Lengua

**Presenta a Cristóbal Colón con los elementos siguientes:**

de Génova, marinero, la tierra redonda, ir a la India por el oeste

**Utiliza el imperfecto y los verbos SER, VENIR, PENSAR, QUERER.**

............

............

............

............

LECCIÓN 2

# El encuentro de dos mundos

## 1 Prepárate

**1. Dictado** MP3 Piste 29

Escribe las palabras que oyes. No olvides los acentos.

..............................................................................................................................................

**2. Observa el grabado y califica cómo está representada la escena y la reacción de los indios.**

**a.** La representación parece: ▽ realista ▽ irrealista

**b.** Los indios parecen: ▽ violentos ▽ pacíficos ▽ espantados *(effrayés)* ▽ generosos ▽ cariñosos

## 2 Lee y habla

**Encuentra nueve productos originarios del Nuevo Mundo en esta sopa de letras.**

| | | | | | | | | | | | | |
|---|---|---|---|---|---|---|---|---|---|---|---|---|
| D | T | Z | C | X | O | G | L | G | V | Q | P | M |
| B | C | L | C | W | Q | Y | D | U | S | I | A | S |
| K | A | Z | M | H | R | N | Y | Y | M | I | H | E |
| X | C | B | N | G | O | C | V | I | Z | V | Z | L |
| X | A | M | J | A | T | C | E | F | N | X | B | A |
| Z | O | L | R | O | E | N | O | H | Q | Y | K | T |
| J | T | Ñ | M | Y | T | E | C | L | M | S | F | E |
| B | V | A | B | O | P | B | S | T | A | Ñ | S | M |
| U | T | X | E | F | A | L | W | T | Ñ | T | C | Y |
| E | P | J | U | N | P | M | X | U | E | F | E | Z |
| Ñ | R | R | X | F | A | N | J | A | J | X | W | Y |
| Y | P | Y | I | G | P | A | L | T | A | Ñ | Y | R |
| M | G | S | A | R | D | E | I | P | N | W | M | Y |

## 3 Lengua

**Conjuga los verbos entre paréntesis en pretérito indefinido.**

**a.** Los españoles .................................... (llegar) en 1492 por primera vez a América sin saberlo.

**b.** Este encuentro entre los dos mundos ............................................ (permitir) nuevos descubrimientos.

**c.** Cristóbal Colón .................................... (pensar) que los indios eran muy generosos.

**d.** A partir de entonces, los europeos .................................... (comer) nuevos alimentos.

# Leyendas precolombinas

## 1 Prepárate

**1.** Colorea cada civilización precolombina de un color y completa las fichas.

| Civilización | Países actuales | Capital |
| --- | --- | --- |
| | | |
| | | |
| | | |
| | | |
| | | |
| | | |

**2.** Relaciona las sílabas y escribe las palabras debajo de cada imagen.

la pal ra go ban no la gui de á

## 2 Lee y escribe

**Lee el texto *La creación de Tenochtitlán* y completa la ficha siguiente.**

- Nombre de la civilización: ........................
- Ciudad donde vivían antes de fundar su capital: ........................
- Señal que tenían que encontrar: ........................
- Tiempo que caminaron para encontrar el lugar: ........................
- Lugar donde encontraron la señal: ........................
- Nombre que dieron a su capital: ........................

# Leyendas precolombinas

## 3 Lengua

**1. Completa el crucigrama conjugando los verbos en Pretérito Indefinido.**

1. 1ra p. del plural del verbo HACER.
2. 1ra p. del singular del verbo IR.
3. 2da p. del plural del verbo VENIR.
4. 3ra p. del plural del verbo VENIR.
5. 3ra p.del singular del verbo SER.
6. 2da p.del singular del verbo HACER.

**2. Pon en plural los sujetos y los verbos. No olvides hacer la concordancia con el verbo.**

**a.** Yo hice una exposición sobre las civilizaciones precolombinas.

..............................................................................................................

**b.** Tú no viniste a clase y Luis tuvo que presentar solo el trabajo sobre los mexicas.

..............................................................................................................

**c.** Tú tuviste que hablar de la bandera de México en clase.

..............................................................................................................

**3. Conjuga los verbos en pretérito indefinido.**

Según la leyenda, los mexicas (ser) .............................. obedientes a sus dioses e (hacer) .............................. su voluntad. (Tener) .............................. que abandonar su ciudad. (Ir) .............................. hasta el lago Texcoco. Allí (ver) .............................. la señal y (fundar) .............................. su capital.

LECCIÓN 4

# La creación del mundo maya

## 1 Prepárate

**Escucha la leyenda maya y rellena el cuadro.** MP3 Piste 30

¿Quiénes? (Los personajes)

..........................................................................

..........................................................................

¿Dónde? (El lugar)

..........................................................................

¿Qué? (La acción)

..........................................................................

## 2 Lee y escribe

**1. Relaciona las columnas para formar parejas de sinónimos.**

| | |
|---|---|
| tinieblas ○ | ○ la flora |
| hombres ○ | ○ la fauna |
| árboles y flores ○ | ○ seres humanos |
| animales ○ | ○ poner |
| ubicar ○ | ○ hablar |
| dirigirse a alguien ○ | ○ oscuridad |

**2. Lee el texto y contesta.**

**a.** ¿Cuántos dioses vivían en el silencio de las tinieblas y cómo se llamaban?

..........................................................................

**b.** ¿Qué elementos crecieron en las tierras?

..........................................................................

**c.** ¿Qué ubicaron los dioses en las ramas de los árboles?

..........................................................................

**d.** ¿Cómo reaccionaron los animales?

..........................................................................

# La creación del mundo maya

## 3 Lengua

**1. Completa el cuadro como en el ejemplo.**

*Nacen los seres humanos.* ➤➤ *Nacieron los seres humanos.*

Los animales gritan. ➤➤ ..............................................................

La flora crece muy rápidamente. ➤➤ ..............................................................

Los dioses se dirigen a los animales. ➤➤ ..............................................................

**2. Conjuga los verbos eligiendo entre el pretérito indefinido y el imperfecto de indicativo.**

Los dioses *(decidir)* .............................. crear un nuevo mundo. Primero, *(llegar)* .............................. los animales y luego los seres humanos. *(Empezar)* .............................. a vivir juntos. Los animales *(ser)* .............................. más fuertes que los seres humanos y *(vivir)* .............................. en los bosques. Los seres humanos *(vivir)* .............................. en las montañas y *(cazar)* .............................. para alimentarse. Los animales y los seres humanos *(decidir)* .............................. vivir separados. El mundo *(empezar)* .............................. así, según la leyenda.

**3. Un abuelo les cuenta una leyenda a sus nietos pero lo mezcla todo. Pon en orden lo que dice y redacta la leyenda poniendo los verbos en pretérito indefinido o en imperfecto de indicativo.**

vivir todos juntos • crear los seres humanos • dioses • aparecer la fauna y la flora • estar todos en la tierra • llegar los animales • empezar así nuestro mundo

..............................................................

..............................................................

..............................................................

..............................................................

..............................................................

..............................................................

..............................................................

..............................................................

..............................................................

**Incluye indicadores temporales:**

- Al principio
- A continuación
- Después (de)
- Al final
- Un día
- De repente
- Más tarde...

# Explorando

## Quizz

**1.** Di el nombre de un marinero que creía que la tierra era esférica.

..................................................................................................................

**2.** Escribe el nombre de tres alimentos originarios de América.

..................................................................................................................

**3.** En la bandera de México hay una rosa y un puma. ¿Verdadero o falso? Rectifica si es falso.

..................................................................................................................

**4.** Da el nombre del conjunto de todas las flores y de todos los animales.

..................................................................................................................

## El viaje de Colón

**Completa el poema con las palabras de la carabela.**

LA LLEGADA DE UN AVENTURERO

Un .................................... navegó en una
.................................... con su .................................... .
Después de varios meses,
en una ....................................  .................................... .
Aquel día la .................................... de la
humanidad .................................... .

# Explorando

## Las leyendas

**Adivina de qué palabra se trata.**

**a.** Divinidad: ……………………………………………

**b.** Sustantivo de crear: ……………………………………………

**c.** Planeta del sistema solar en el que vives: ……………………………………………

## El encuentro de dos mundos

**Haz tu propio mapa mental sobre el encuentro de dos mundos. Puedes utilizar todo lo que has aprendido en la unidad y lo que sabes tú para completar las ramas. Puedes ilustrarlo con algunas imágenes o dibujos.**

NUEVO MUNDO ⟵ EL ENCUENTRO DE DOS MUNDOS ⟶ EUROPA

| NUEVO MUNDO | EUROPA |
| --- | --- |
| LOS PRODUCTOS<br>……………………<br>……………………<br>…………………… | LA EXPEDICIÓN<br>……………………<br>……………………<br>…………………… |
| LAS LEYENDAS<br>……………………<br>……………………<br>…………………… | LOS CAMBIOS<br>……………………<br>……………………<br>…………………… |
| LAS CREENCIAS<br>……………………<br>……………………<br>…………………… | EL COMERCIO<br>……………………<br>……………………<br>…………………… |

DVD Piste 15

## Taller de vídeo

**1. Ve el vídeo y después relaciona cada imagen con la letra de la frase correspondiente.**

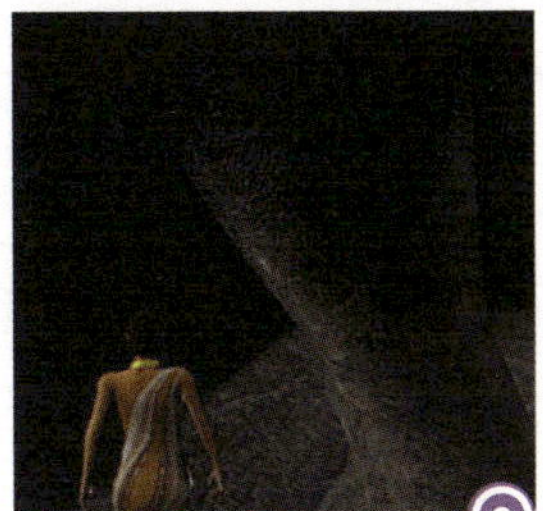

**A** Tampoco se le permitía ver la luz del sol. Solo en las noches podía salir de la cueva para ver la luna, las estrellas.

**B** Durante este tiempo, no podía tener contacto humano alguno, no podía comer carne, sal ni ají.

**C** El sobrino del cacique debía ser el sucesor y heredero de todo el cacicazgo.

**D** A muy temprana edad y por seis largos años era enviado a una cueva ceremonial.

**2. Vuelve a ver el vídeo y ordena las etapas de la ceremonia de la 2 a la 7.**

- 1 El futuro cacique era ungido con miel, resina y polvo de oro.
- ☐ Se adornaba la balsa con oro y piedras preciosas.
- ☐ Volvían a la orilla y era proclamado señor y cacique.
- ☐ Navegaban hacia el centro de la laguna mientras el pueblo cantaba.
- ☐ El futuro cacique se lanzaba a la laguna.
- ☐ Al salir el sol, arrojaban todas las ofrendas a la laguna.
- ☐ El futuro cacique subía a la balsa con su tío, un sacerdote y cuatro remeros.
- ☐ Se construía una balsa de juncos.

## Taller de audio

CLASSE 2
Piste 25

**1. Subraya las palabras relacionadas con el viaje de Colón que oyes en la canción.**

occidente • viaje • almirante • tripulación • tierra • tormenta

**2. Escucha otra vez la canción y ordena las frases de la 1 a la 4 según las oyes.**

- descubrió tierras.
- Rodrigo de Triana gritó "¡Tierra, Tierra americana!"
- viajaron durante varios días.
- levar anclas.

**3. ¿Verdadero o falso? Justifica usando frases de la canción.**

**a.** Viajaron durante 80 días. V F

..........

**b.** Cristóbal Colón descubrió 4 países en 12 años. V F

..........

**c.** Viajaron con 4 barcos. V F

..........

**4. Imagina que formabas parte de la tripulación de Colón. A la vuelta, un amigo marinero te hace preguntas sobre el viaje y tú respondes. Inventa el diálogo con un(a) compañero(a), luego lo representáis.**

..........

..........

..........

..........

**5. Ahora, indica el ritmo de la canción.**

- tango
- salsa
- flamenco

**6. Apunta los instrumentos que oyes.**

..........

# Taller informático

**1.** Conéctate y haz clic en 'El Perú'. Luego, en el menú, en 'Época pre-inca'. Lee el párrafo y completa la ficha.

**ÉPOCA PRE-INCA**

**Modo de vida de los primeros habitantes:** ........................................

**Nombre del lugar más antiguo:** ........................................

**Nombre de una de las culturas más avanzadas y de lo que introdujo:**

........................................

**Nombre de otras culturas importantes:** ........................................

**2.** Haz lo mismo con 'los Incas' y la 'Época colonial'.

**LOS INCAS**

**Nombre que dieron a su territorio:** ........................................

**Capital del imperio inca:** ........................................

**Idioma oficial:** ........................................

**Base de su religión:** ........................................

**ÉPOCA COLONIAL**

**Nombre del conquistador de Perú:** ........................................

**Ciudad que fundó:** ........................................

**Nombre de los libertadores:** ........................................

**3.** Elige una época y preséntala oralmente a la clase. Utiliza los tiempos del pasado para formar tus frases. Puedes tomar notas.

........................................

........................................

........................................

# El mundo MAYA

**1. Completa la ficha de identidad del río Usumacinta.**

**Nombre:** ..........................................

**Significado de su nombre:** ..........................................

**Lugar de nacimiento:** ..........................................

**Desembocadura:** ..........................................

**Países atravesados:** ..........................................

**Longitud:** ..........................................

**Sitios históricos atravesados:** ..........................................

**2. Palenque y la cultura maya.**

**a.** Cita las fechas: de .......................... hasta ..........................

**b.** Apunta los monumentos principales de esta cultura:

.......................................... y ..........................................

**c.** ¿Qué conocimientos aportaron los mayas?

..........................................................................................

**3. ¿Cómo se llaman los habitantes de la Sierra Lacandón que viven según las costumbres mayas?** ..........................................

**4. ¿Cómo se llega a Yaxchilán?** ..........................................

**5. Las Matemáticas de los mayas.**

En lugar de nuestro sistema decimal, los mayas usaban los símbolos siguientes:

 **un frijol representaba el 1**  **un palito el 5**  **una concha el 0**

Por ejemplo:  = 12  = 7  = 2

Escribe los siguientes números en sistema maya.

4 = ☐ 9 = ☐ 11 = ☐

Taller de teatro

# ¡Ruinas mayas en la selva!

MP3 Piste 31

**1. Elige la respuesta correcta.**

Los jóvenes van a México para...

☐ estudiar otro idioma. ☐ descubrir la cultura maya. ☐ visitar a amigos.

**2. Ordena las etapas del programa de los jóvenes de la 1 a la 3.**

☐ Visitan el templo de las inscripciones. ☐ Cogen el autocar. ☐ Visitan el palacio.

**3. Contesta a las preguntas.**

**a.** ¿Qué juego maya descubren? ..............................

**b.** ¿A qué juego actual se parece? ..............................

**c.** ¿Cómo era la escritura de los mayas? ..............................

**d.** ¿Qué información logra descifrar Leonor? ..............................

## Culture

**Palenque** est une cité maya située au Chiapas (Mexique). C'est un des sites mayas les plus riches. Il a été déclaré Patrimoine de l'Humanité en 1987 par l'UNESCO. Palenque est composée de plusieurs monuments comme la Pyramide des inscriptions, le Palais, le Temple du soleil, le jeu de balle...

## Tous en scène !

- Écoute bien la piste 31 de ton MP3 et remarque l'intonation des phrases exclamatives et interrogatives, par exemple: *¡Qué maravilla! ¡Cuánta naturaleza!* (Mirta, escena 1); *¿alguien sabe descifrarla?* (Samuel, escena 3).
- Fais attention aux didascalies: dans la scène 3, Samuel doit dire sa deuxième réplique sur un ton surpris et amusé. Leonor, elle, doit faire semblant de regarder les hiéroglyphes.

Tu peux aussi faire des gestes avec les mains. Par exemple, dans la scène 2, Samuel peut montrer le jeu de balle et faire semblant de faire un panier dans la dernière réplique de la scène 2.

Tu peux aussi apporter des objets comme un sac, un ballon et un plan pour organiser les visites.

LECCIÓN 1

# ¡Comprométete con tu barrio!



## 1 Prepárate

**1. En la sopa de letras, busca ocho palabras del léxico de la solidaridad y escríbelas.**

| | | | | | | | | | |
|---|---|---|---|---|---|---|---|---|---|
| S | Y | C | O | A | U | L | C | V | D |
| R | C | P | N | O | M | U | Z | E | E |
| I | A | U | X | W | T | C | A | N | S |
| T | Y | H | A | M | B | H | J | T | C |
| R | U | I | G | F | N | A | N | A | U |
| A | D | E | H | O | Y | R | T | J | B |
| P | A | R | T | I | C | I | P | A | R |
| M | R | A | R | O | J | E | M | S | I |
| O | Y | Q | N | M | Ñ | F | P | S | R |
| C | R | A | R | O | B | A | L | O | C |

1. A ..........
2. V ..........
3. C ..........
4. C ..........
5. P ..........
6. D ..........
7. L ..........
8. M ..........

**2. Observa el cartel de tu manual y contesta.**

**a.** Apunta las dos ventajas que te gustan más en el cartel.

..........

..........

**b.** Di dos cosas pequeñas que puedes hacer para cambiar el mundo.

..........

..........

## 2 Escucha y habla

CLASSE 2 Piste 27

**Escucha la entrevista de Sandra y contesta.**

**a.** ¿Quién es Sandra? ¿La directora o la secretaria de la fundación Social Oasis?

**b.** ¿Dónde se encuentra su fundación?

..........

**c.** Escucha atentamente y completa el cuadro.

| | |
|---|---|
| **niños** ........................ | **mujeres** ........................ |
| **a** ........................ **70** | ........................ **200** |

**d.** Relaciona las actividades de la fundación con las personas correspondientes.

- Los niños ☆
- Los adultos ☆

- ☆ tomar el almuerzo
- ☆ desayunar
- ☆ hacer actividades lúdicas
- ☆ cultivar
- ☆ asistir a clases de refuerzo escolar

**e.** ¿Cuál es el motivo de la lucha cotidiana de Sandra? Completa la frase.

Luchamos por ........................................................................

**f.** Muchos voluntarios participan en la fundación. ¿De dónde son? Rodea la(s) respuesta(s) correcta(s).

gente de la capital ○ gente del barrio ○ extranjeros ○ vecinos ○

**g.** Apunta los consejos que le da Sandra a un voluntario.

........................................................................

## 3 Lengua

**1. Le das consejos a un(a) amigo(a) que quiere comprometerse con su ciudad. Conjuga en imperativo los verbos de cada frase.**

**a.** ........................ (compartir) tus habilidades y ........................ (conocer) a nueva gente.

**b.** ........................ (dedicar) tiempo a los demás y ........................ (pasarlo bien).

**c.** ........................ (ayudar) a tus vecinos y ........................ (luchar) contra la desigualdad.

**d.** ........................ (participar) y ........................ (aprender) de esta nueva experiencia.

**2. ¡Participa tú también en la fundación de Sandra! Crea y escribe aquí tus eslóganes.**

........................................................................

........................................................................

LECCIÓN 2

# ¡No es normal que los niños trabajen!

## 1 Prepárate

**1. Sonidos «ie / ue»** MP3 Piste32

**a.** Escucha y escribe las palabras y subraya los sonidos "ie / ue" con dos colores diferentes.

......................................................................................................................................................

**b. Dictado:** Escucha la grabación y escribe las frases que faltan. MP3 Piste 33

Cuando cuentes cuentos

................................. / ................................ / ................................ / ............................ ,

porque si no cuentas

................................. / ................................ / ............................ .

nunca sabrás cuántos cuentos sabes contar.

**2. Asocia las expresiones para formar frases.**

- Los niños tienen derecho a •
- El trabajo infantil no es •

- • digno
- • estudiar
- • normal
- • justo
- • jugar

## 2 Mira y exprésate

**Ayuda a los niños y expresa tu indignación frente al trabajo infantil (no asistir a clase, trabajar en minas, ...).**

**a.** No es normal que los niños ..............................................................

**b.** No es justo que ..............................................................................

**c.** No es normal que ..........................................................................

**d.** No es justo que ..............................................................................

## 3 Lengua

**Completa el cartel para expresar tu indignación. Puedes usar los verbos: tolerar, dejar** *(laisser)*, **permitir.**

EL TRABAJO INFANTIL NO

No ..............................................................

¡No lo ..........................................................!

¡No lo ..........................................................!

# Defenderemos nuestro planeta

## 1 Prepárate

**Observa y contesta.**

**a.** ¿En qué ocasión se publica este cartel?

**b.** ¿Qué representa cada parte del cartel?

**c.** Explica por qué hay que cuidar la mitad que nos queda.

## 2 Lee

**1. Presenta a los personajes del texto.**

**2. Di si las afirmaciones son verdaderas (V) o falsas (F). Rectifica si necesario.**

**a.** Caerán más de cuarenta árboles. V ◇ F ◇

**b.** El ingeniero dice que será más fácil circular y aparcar si cortan árboles. V ◇ F ◇

**c.** El anciano muestra que el ingeniero no dice la verdad. V ◇ F ◇

LECCIÓN 3

# Defenderemos nuestro planeta

**3.** **Asocia los elementos y escribe un resumen del texto utilizando:**

- **VERBOS**: *caer - construir - solucionar - plantar - perder*
- **SUSTANTIVOS**: *árboles - aparcamiento - vecinos - el ingeniero - coches*
- **NÚMEROS**: *doscientos - miles - cien*

.....................................................................................................

.....................................................................................................

## 3 Lengua

**1.** **Escribe en futuro.**

**a.** Protejo el medioambiente, no contamino porque monto en bici para moverme.

.....................................................................................................

**b.** Ahorro el agua, el papel y reciclo los residuos.

.....................................................................................................

**2.** **Eres un miembro de la comisión "alumno responsable" de tu colegio. Para sensibilizar a tus compañeros, crea la primera página de un folleto con las acciones que organizarás.**

cambiar colaborar compartir cuidar de dedicar luchar
participar en contaminar reciclar ahorrar desperdiciar
las costumbres los residuos el medioambiente tiempo
material desechable luz comida agua

*Este año, no desperdiciaremos la comida en el comedor escolar.*

*Este año* .....................................................................................................

.....................................................................................................

.....................................................................................................

# ¿Listo para cambiar tus costumbres?

## 1 Prepárate

Asocia cada palabra con su contrario o su sinónimo.

| | |
|---|---|
| vender | una tienda |
| nuevo | sobrar |
| desechable | comprar |
| un puesto | de segunda mano |
| necesitar | reciclable |

## 2 Lee y escribe

**1.** Pon en orden las palabras siguientes para presentar a Ingrid y su actividad solidaria.

**construye / con / botellas / Ingrid Vaca Diez / una abogada / de / boliviana / que/ es / plástico. / casas /**

**2.** Escucha la grabación y apunta las frases que oyes debajo de la foto correspondiente.

MP3 Piste 34

**3.** Rellena el contrato del buen ecologista conjugando el verbo en futuro y relacionándolo con un complemento.

**Yo**

| Verbos | Complementos |
|---|---|
| tener | una casa de madera |
| desplazarme | juguetes viejos |
| separar | la basura |
| vender | coche eléctrico |

# ¿Listo para cambiar tus costumbres?

**4.** **Imagina que eres arquitecto(a). Tu misión consiste en construir la casa más ecológica del mundo. Debes presentar tu proyecto a tus clientes en tres argumentos. Puedes dibujarla si quieres.**

............................................................

............................................................

............................................................

............................................................

............................................................

## 3 Lengua

**1.** **Completa el crucigrama siguiente con los verbos irregulares en futuro.**

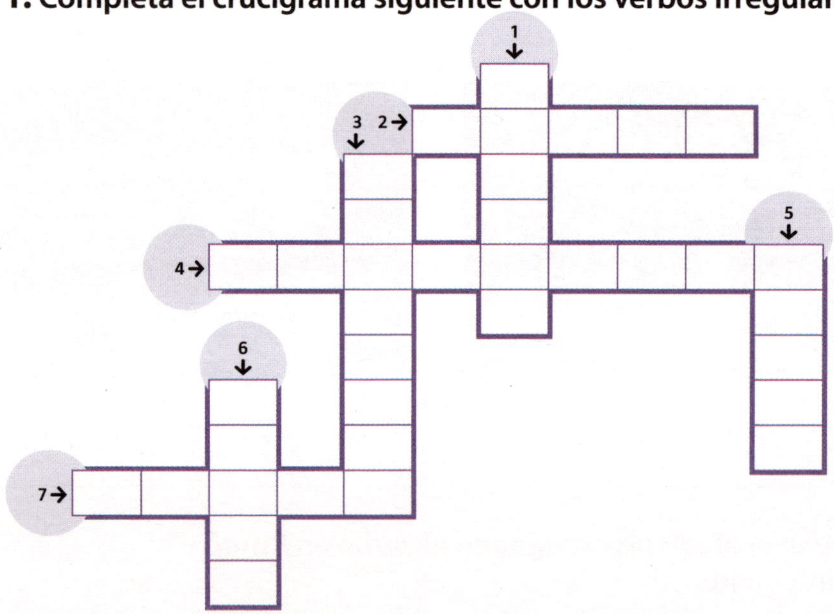


**Horizontal**

2. poder $1^{ra}$ p.s.
4. tener $1^{ra}$ p.pl.
7. decir $2^{da}$ p.s.

**Vertical**

1. poner $1^{ra}$ p.s.
3. venir $2^{da}$ p.pl.
5. saber $3^{ra}$ p.s.
6. hacer $3^{ra}$ p.pl.

**2.** **Completa el texto con el verbo que corresponde. ¡Cuidado: hay intrusos!**

podremos ♥ pondremos ♥ podréis ♥ viviremos ♥ vivirán ♥ sabrás ♥ sabrán

En el futuro, nosotros ........................ conducir coches eléctricos. Además ........................ en casas ecológicas con robots que ........................ reciclar la basura y el aire. ........................ plantas y árboles en todos los techos de la ciudad.

tema 6

# Explorando

## Quizz

1. ¿Dónde se sitúa la fundación de Sandra y a qué se dedica?

..........................................................................................

2. Cita una de las ventajas de ser voluntario.

..........................................................................................

3. Cita una injusticia estudiada en la unidad.

..........................................................................................

4. ¿Qué tipo de productos puedes encontrar en un mercadillo? Da dos ejemplos.

..........................................................................................

5. ¿Por qué es solidaria la acción de Ingrid?

..........................................................................................

6. Entre los eslóganes de la unidad, escoge los dos que te parecen más convincentes *(convaincants)*.

..........................................................................................

## El medio ambiente

Relaciona los eslóganes con cada ilustración y tacha los intrusos.

A ¡Ayuda a tu barrio!

B ¡Planta árboles!

C Separa la basura

D ¡Disfruta de tus vacaciones!

E ¡No lo toleres!

F ¡Come sano!

# Explorando

## La vida futura
MP3
Piste 35

**Escucha y apunta los verbos que oyes.**

..................................................................................................................

..................................................................................................................

## La solidaridad

**1. Encuentra cuatro verbos para definir las acciones de una persona solidaria.**

CORPAMRTI LRABORCOA MEPOMTECORSER UDYAAR

1. ..................................... 2. .....................................

3. ..................................... 4. .....................................

**2. Completa el mapa mental siguiente.**

# ultimedia

## DVD Piste 16 Taller de vídeo

**1. Escucha y escoge la solución correcta.**

**a.** Hay más de: ☐ 115 000 ☐ 215 000 ☐ 315 000 voluntarios(as) en la Cruz Roja.

**b.** El día del voluntariado es el:

5 de SEPTIEMBRE | 5 de NOVIEMBRE | 5 de DICIEMBRE

**2. Rectifica estas afirmaciones.**

**a.** El perfil tipo del voluntario es un hombre de más de 30 años.

..........................................................................................

**b.** La mitad de los voluntarios son estudiantes.

..........................................................................................

**c.** Los voluntarios de la Cruz Roja sólo son españoles.

..........................................................................................

**3. Presenta una de las acciones de la Cruz Roja.**

..........................................................................................

..........................................................................................

..........................................................................................

## Taller de audio

CLASSE 2
Piste 29

**1. Escucha.**

**a.** Rodea las palabras que oyes en la canción.

juntos ♪ compromiso ♪ proteger ♪ madres ♪ mares ♪
fuerza ♪ fuera ♪ hombro ♪ hombre

**b.** La canción trata de : ○ una aventura ○ una asociación ○ la solidaridad ○ el reciclaje

**2. Escucha de nuevo.**

**a.** Relaciona las expresiones.

| | |
|---|---|
| con un granito ○ | ○ en el hombro |
| con una mano ○ | ○ acción |
| con una pequeña ○ | ○ de arena |

**b.** Subraya la frase que define las expresiones del ejercicio anterior.

*En la vida, piensa sólo en ti mismo.*
*Estudia para ganar dinero.*
*Cambia el mundo haciendo cosas pequeñas.*

**3. Imagina otro título a la canción.**

..............................................................................................................

**4. Eres miembro de la fundación Cilsa.**
Prepara argumentos para explicar a tus compañeros por qué hay que integrar a todos.

..............................................................................

..............................................................................

..............................................................................

..............................................................................

# Taller informático

**1.** **Haz clic en el mapa y localiza el Rastro. Di dónde está.**

..........................................................................................

**2.** **Escoge la solución correcta.**

**a.** El Rastro es: ○ un supermercado. ○ un museo. ○ un mercadillo.

**b.** Tiene más de:

○ trescientos ○ cuatrocientos ○ quinientos años de existencia.

**c.** Se celebra: ○ los sábados y festivos. ○ los domingos. ○ los domingos y festivos.

**3.** **Cita tres objetos que puedes conseguir en el Rastro, además del pela-patatas.**

.............................. / .............................. / ..............................

**4.** **Observa los dibujos y apunta las calles en las que puedes comprar estos objetos.**

..............................

..............................

..............................

**5.** **¿Qué precaución hay que tomar cuando estás en el Rastro?**

..........................................................................................

**6.** **Sueles comprar en el Rastro. Un compañero no comprende por qué lo haces. Juntos anotad argumentos para preparar un diálogo en que cada uno expresa su opinión.**

| + Argumentos a favor | – Argumentos en contra |
| --- | --- |
| ........................................ | ........................................ |
| ........................................ | ........................................ |
| ........................................ | ........................................ |
| ........................................ | ........................................ |
| ........................................ | ........................................ |

# Navega por el río Magdalena

**1.** Lee la introducción y completa la ficha con los datos del río Magdalena.

Lugar de nacimiento y altitud: ..........

Longitud: ..........

Ciudad donde desemboca: ..........

**2.** Descubre la fauna del Magdalena: relaciona la foto con el animal correspondiente.

LOS CAIMANES

LOS MANATÍES

LAS TORTUGAS HICOTECA

**3.** Lee estos datos y relaciónalos con el personaje correspondiente.

Gabriel García Márquez

Nació en Aracataca.

Nació en Barranquilla.

Cantante.

Escritor.

Premio Nobel de Literatura.

Cantó el himno del mundial en 2010.

Shakira

**4.** Observa el documento e imagina el ambiente del acontecimiento. Escribe unas líneas para decir si te gustaría participar. Justifica tu respuesta.

..........

..........

..........

..........

Taller de teatro

MP3 Piste 36

# Una cantante solidaria

**1. Lee y contesta.**

**a.** La ONG se llama : ☐ Una mano abierta ☐ Pies descalzos ☐ Una sonrisa para ti.

**b.** Shakira viene para presentar una nueva : ☐ casa de la música ☐ escuela ☐ asociación.

**c.** Se mueren por ver a Shakira ☐ Leonor ☐ Roberto ☐ Samuel ☐ Daniel.

**d.** Están listos para ayudar a los otros : ☐ Leonor ☐ Mirta ☐ Samuel ☐ Daniel.

**e.** Apunta una expresión que muestra que a uno de los chicos le encanta Shakira.

..................................................................................................................

**f.** Apunta una frase que puede ser el eslogan de la ONG de Shakira.

..................................................................................................................

**g.** Explica por qué la ONG de Shakira favorece la construcción de escuelas.

..................................................................................................................

..................................................................................................................

## Culture

Parle comme un Colombien!

- L'expression "chévere" est très courante en Colombie. Elle est synonyme d'une grande satisfaction. Elle peut aussi être employée avec un superlatif "super chévere".
- En Argentine, au Paraguay et dans quelques régions de la Colombie, le pronom *vos* se dit à la place de *tú*, c'est le *voseo*.

## Tous en scène !

- Lis attentivement les didascalies qui se rapportent à ton personnage.
Samuel et Daniel devront faire sentir leur "passion" pour Shakira par un ton "enflammé" et des gestes (la main sur le cœur, les mains en forme de cœur…).
- Pour jouer le rôle de Leonor et de Mirta, adopte le ton ferme et décidé de l'engagement.
- Dans la première réplique de Mirta scène 3, bien marquer l'interrogation, voire le sous-entendu pour mettre en évidence qu'elle a bien compris que le parcours choisi par les garçons n'est pas le plus court.

# La india Catalina

*Voici la troisième lecture en autonomie proposée dans ton manuel. Tu vas pouvoir maintenant lire et comprendre un texte plus long en passant naturellement par les étapes que nous avons détaillées précédemment. Mais surtout tu vas avoir le plaisir de découvrir une histoire dans son déroulement et de mieux connaître les personnages. Bonne lecture !*

## 1 Antes de leer el texto: los indicios

**Mira las fotos con atención. Lee solo el título, la fuente y los pies de fotos** *(légende des photos)*. **Luego, imagina y escribe en pocas palabras lo que va a contar el texto.**

..........

..........

## 2 Lee y comprende: el sentido

**1. Lee el texto y anota en qué lugares se desarrolla la acción.**

- ❍ España
- ❍ Hispaniola
- ❍ Colombia
- ❍ Cuba
- ❍ Cartagena de Indias
- ❍ Territorio Caribe

**¿En qué orden aparecen en el texto?**

..........

**2. Lee otra vez la leyenda y reorganiza las etapas de la vida de Catalina.**

- ☐ Fueron a vivir a España y tuvieron muchos hijos mestizos.
- ☐ Catalina se casó con un sobrino de Pedro de Heredia.
- ☐ La indígena regresó a su tierra llevada por el conquistador Pedro de Heredia.
- ☐ La llevaron a la isla Hispaniola.
- ☐ Se convirtió al dios de los españoles.
- ☐ Aprendió la lengua castellana.
- ☐ Allí la bautizaron con el nombre de Catalina.
- ☐ La indígena fue raptada por el conquistador Diego de Nicueza.
- ☐ Fue traductora entre la tribu Caribe y los conquistadores.

**3.** **Anota las palabras del texto relacionadas con cada una de las dos culturas.**

**Cultura europea (española):** ..................................................................................

..................................................................................................................

**Cultura indígena (Caribe):** ..................................................................................

..................................................................................................................

**4.** **Anota las frases o palabras que explican la unión de estos dos mundos.**

..................................................................................................................

..................................................................................................................

## 3 Recuerda: tu lectura

**1.** **¿Qué tuvo de particular la unión de Catalina con Pedro de Heredia?**

..................................................................................................................

**2.** **¿Cuáles de estas afirmaciones te parecen correctas? Justifica con el texto.**

- ❐ Catalina fue una joven bien educada de la aristocracia española.
- ❐ Catalina traicionó a su pueblo.
- ❐ Catalina supo establecer la paz y la comunicación entre las dos culturas.
- ❐ Los colombianos actuales respetan lo que fue Catalina en su tiempo.

**3.** **Busca informaciones sobre otra india llamada La Malinche. Di en qué se parecen las historias de estas dos indígenas.**

..................................................................................................................

..................................................................................................................

**4.** **Justifica al menos dos elementos de esta conclusión con palabras del texto.**

*Actualmente, se considera que estas indias, atrapadas* **(prises)** *entre dos culturas, supieron por su inteligencia tomar decisiones importantes y favorecer la comprensión entre las culturas en presencia. Sirven también de mito fundador* **(mythe fondateur)** *al importante pueblo de los mestizos.*

..................................................................................................................

..................................................................................................................

..................................................................................................................

..................................................................................................................

# Évaluation

## Mes objectifs

**Tema 1**

| | | | |
|---|---|---|---|
| Comprendre la description de quelqu'un<br>Comprendre ce qui définit l'amitié | | | |
| Décrire l'humeur d'une personne et son caractère | | | |
| Situer dans l'espace | | | |
| Demander et donner des conseils | | | |
| Comprendre et exprimer ce qui définit l'amitié | | | |

**Tema 2**

| | | | |
|---|---|---|---|
| Comprendre la description d'une chambre | | | |
| Décrire un lieu d'habitation | | | |
| Se mettre d'accord sur l'organisation d'un travail en groupe | | | |
| Comprendre un désaccord | | | |
| Situer et décrire un lieu | | | |

**Tema 3**

| | | | |
|---|---|---|---|
| Comprendre une opinion | | | |
| Transmettre des règles | | | |
| Demander son chemin | | | |
| Comprendre ce qu'apporte l'école | | | |
| Indiquer un itinéraire | | | |

## Mes objectifs

**Tema 4**

| | | | |
|---|---|---|---|
| Comprendre les goûts de quelqu'un | | | |
| S'orienter | | | |
| Interroger quelqu'un sur ses loisirs | | | |
| Comprendre des faits récents | | | |
| Raconter des faits récents | | | |

**Tema 5**

| | | | |
|---|---|---|---|
| Comprendre une légende | | | |
| Raconter un fait passé | | | |
| Échanger des informations sur un fait historique | | | |
| Comprendre une légende | | | |
| Résumer une légende | | | |

**Tema 6**

| | | | |
|---|---|---|---|
| Comprendre des ordres | | | |
| Exprimer son indignation | | | |
| Proposer des actions solidaires | | | |
| Comprendre des opinions | | | |
| Évoquer des projets | | | |

**CULTURA HISPÁNICA**
¿Dónde y cuándo se celebra la ceremonia llamada Takona?

**LENGUA**
Conjuga el verbo ESCRIBIR en presente de indicativo.

**LÉXICO**
Di cuatro adjetivos para definir tu personalidad.

**CULTURA HISPÁNICA**
¿Cómo se llaman las estatuas de la Isla de Pascua?

**LENGUA**
Transforma esta frase en forma interrogativa:
*Valeria forma parte del Club de los incomprendidos.*

**LÉXICO**
Di cinco expresiones para indicar la situación de un objeto en un lugar.

**CULTURA HISPÁNICA**
¿Qué es El Teide?

**LENGUA**
Conjuga PODER en primera persona del singular.

**LÉXICO**
¿Cuál es el contrario de DEBAJO DE?

**CULTURA HISPÁNICA**
¿Cómo se llama la casa de Frida Khalo?

**LENGUA**
Conjuga CONFESAR en tercera persona del singular.

**LÉXICO**
¿Qué significa UNA RECÁMARA en Hispanoamérica?

**CULTURA HISPÁNICA**
Cita tres animales que puedes ver en la región del Titicaca.

**LENGUA**
¿Cómo se expresa la obligación impersonal?

**LÉXICO**
Construyo casas: ¿quién soy?

**CULTURA HISPÁNICA**
¿Qué es el TITICACA?

**LENGUA**
Di la primera persona de singular del presente de indicativo del verbo VESTIR.

**LÉXICO**
¿Cómo se dice "*fleuve*" en español?

**CULTURA HISPÁNICA** → *Es el lago navegable más alto del mundo, situado en Perú y Bolivia. Está en la cordillera de los Andes. Es el segundo lago más grande del planeta.*

**LENGUA** → *Visto.*

**LÉXICO** → *Río.*

**CULTURA HISPÁNICA** → *La casa azul.*

**LENGUA** → *Confiesa.*

**LÉXICO** → *Una habitación, un cuarto o un dormitorio.*

**CULTURA HISPÁNICA** → *Los moáis.*

**LENGUA** → ¿Forma parte Valeria del Club de los incomprendidos?

**LÉXICO** → *Por ejemplo:*
*delante (de), detrás (de), a la derecha (de), a la izquierda (de), al lado (de), en el centro.*

**CULTURA HISPÁNICA** → *Gatos andinos, vicuñas* (vigognes), *llamas* (lama), *ranas* (grenouilles) *gigantes*

**LENGUA** → *Hay que.*

**LÉXICO** → *El albañil.*

**CULTURA HISPÁNICA** → *Es el pico más alto de España. Está en Tenerife (Canarias).*

**LENGUA** → *puedo*

**LÉXICO** → *ENCIMA DE*

**CULTURA HISPÁNICA** → *Se celebra en la Isla de Pascua, en febrero.*

**LENGUA** → *Escribo, escribes, escribe, escribimos, escribís, escriben.*

**LÉXICO** → *Por ejemplo:*
*cariñoso(a), fiel, hábil, comprensivo(a), valiente…*

**CULTURA HISPÁNICA**
¿Qué países limitan con el río de la Plata?

**LENGUA**
Di cinco preposiciones de lugar.

**LÉXICO**
Cita tres cosas que utilizas para decorar una fiesta de cumpleaños.

**CULTURA HISPÁNICA**
¿Qué baile hispanoamericano es Patrimonio Inmaterial de la Humanidad?

**LENGUA**
Di el participio pasado de los verbos PONER y ABRIR.

**LÉXICO**
Cita tres medios de transporte.

**CULTURA HISPÁNICA**
¿Cuál era la profesión de Cristóbal Colón?

**LENGUA**
Conjuga el verbo IR en imperfecto.

**LÉXICO**
Cita un alimento originario de América.

**CULTURA HISPÁNICA**
¿En qué fecha llegó Cristóbal Colón al Nuevo Mundo?

**LENGUA**
Conjuga el verbo HACER en pretérito indefinido.

**LÉXICO**
Cita el nombre de una civilización precolombina.

**CULTURA HISPÁNICA**
Cita una asociación solidaria o una ONG.

**LENGUA**
Conjuga el verbo COMPROMETERSE en imperativo (tú).

**LÉXICO**
Da un sinónimo de COLABORAR.

**CULTURA HISPÁNICA**
Di el nombre del mercadillo madrileño más famoso.

**LENGUA**
Pon en futuro: *Cuido el planeta.*

**LÉXICO**
Cita dos acciones ecológicas.

**CULTURA HISPÁNICA** → *El Rastro.*
**LENGUA** → *Cuidaré el planeta.*
**LÉXICO** → *RECICLAR, PLANTAR árboles, SEPARAR la basura.*

**CULTURA HISPÁNICA** → *El 12 de octubre de 1492.*
**LENGUA** → *Hice, hiciste, hizo, hicimos, hicisteis, hicieron.*
**LÉXICO** → *Maya, azteca, inca.*

**CULTURA HISPÁNICA** → *El tango.*
**LENGUA** → *Puesto / abierto.*
**LÉXICO** → *El metro, el autobús, la bicicleta.*

**CULTURA HISPÁNICA** → *Fundación Social Oasis, Cruz Roja, CILSA.*
**LENGUA** → *Comprométete*
**LÉXICO** → *AYUDAR*

**CULTURA HISPÁNICA** → *Marinero o navegante.*
**LENGUA** → *Iba, ibas, iba, íbamos, ibais, iban.*
**LÉXICO** → *El cacao, el tomate, el maíz, la patata, el aguacate, el pimiento, el mango o la piña.*

**CULTURA HISPÁNICA** → *Argentina y Uruguay.*
**LENGUA** → *En / a / desde / hasta / por.*
**LÉXICO** → *Globo, vela, guirnalda.*

CULTURA HISPÁNICA

LENGUA

LÉXICO

CULTURA HISPÁNICA

LENGUA

LÉXICO

CULTURA HISPÁNICA

LENGUA

LÉXICO

CULTURA HISPÁNICA

LENGUA

LÉXICO

CULTURA HISPÁNICA

LENGUA

LÉXICO

CULTURA HISPÁNICA

LENGUA

LÉXICO

CULTURA HISPÁNICA
LENGUA
LÉXICO

CULTURA HISPÁNICA
LENGUA
LÉXICO

CULTURA HISPÁNICA
LENGUA
LÉXICO

CULTURA HISPÁNICA
LENGUA
LÉXICO

CULTURA HISPÁNICA
LENGUA
LÉXICO

CULTURA HISPÁNICA
LENGUA
LÉXICO

**Table des illustrations**

**7** Coll. Christophel / © Bambú Producciones / Atresmedia Cine **8 hm** ph © Catalin Petolea / Fotolia **8 hd** ph © Robert Hoetink / Shutterstock **8 bg** ph © YinYang / Getty-Images **8 bmg** ph © Lucky Business / Shutterstock **8 bmd** ph © D.R. **8 bd** ph © Marco Govel / Shutterstock **9** Coll. Christophel / © Bambú Producciones / Atresmedia 2016 **18** © El Club de los Incomprendidos / Atresmedia 2016 **28** ph © MoMA, New York / Iberfoto / Photoaisa / Roger-Viollet / © 2016 Banco de México Diego Rivera Frida Kahlo Museums Trust, Mexico, D.F. / © Adagp, Paris 2016 **33** ph © Wendy Connett / www.agefotostock.com **34** ph © EFE / via Maxppp **37** ph © Gary Ombler / Getty-Images **41** © Colegio Fontán capital, Bogotá, Colombia **51** ph © EFE / sm / via Maxppp **52** ph © Julia Rogers / Alamy Stock Photo **54 hg** ph © dimbar76 / Shutterstock **54 hm** ph © Javier Larrea - www.agefotostock.com **54 hd** ph © S-F / Shutterstock **54 m** ph © Pablo Blazquez Dominguez / Getty-Images **54 bg** ph © Rob Wilson / Shutterstock **54 bm** ph © Anton_Ivanov / Shutterstock **54 bd** ph © Sime / Photononstop **56 hg** ph © Lucas Vallecillos / www.agefotostock.com **56 hd** ph © Lucas Vallecillos / Alamy Stock Photo **56 g** ph © Scott Hortop Travel / Alamy Stock Photo **56 bd** ph © David Warren / Alamy Stock Photo **57 hg** ph © RosalreneBetancourt 4 / Alamy Stock Photo **57 hd** ph © Juan Bautista / Alamy Stock Photo **63 hg** ph © Peter Titmuss / Alamy Stock Photo **63 hm** ph © www.museo8bits.es **63 hd** ph © Ben Jeayes / Shutterstock **63 bg** ph © Gina Pricope / Getty-Images **63 bd** ph © Mauritius / Photononstop **64** © Nos gusta Madrid, nos gustas tú, Alberto Ruiz-Gallardón, D.R. **68** ph © Kuttig - Travel / Alamy Stock Photo **69** ph © Reinhard Schmid / Sime / Photononstop **70 g** ph © Antar Dayal / Getty-Images **70 d** ph © 1xpert - Fotolia **71 hg** ph © North Wind Pictures / Leemage **71 mg** ph © Aquarelle de Rafael Monleon y Torres - Museo Naval, Madrid / Aisa / Leemage **71 md** ph © North Wind Pictures / Leemage **71 b** ph © Monastère de La Rabida, Palos de la Frontera / Aisa / Leemage **73 g** ph © ojal / Shutterstock **73 mg** ph © Cyril Ruoso / Biosphoto **73 md** ph © tea maeklong / Shutterstock **73 d** ph © Hugh Sitton / Getty-Images **79** © Guatavita la leyenda del dorado © Fabio Alejandro Castiblanco - Luis Alberto Leguizamon Penagos 2009. Universidad militar Nueva granada. Facultad de ingeniera en multimedia 2009 **87** © 2007-2016 VonShaguer / D.R. **89 g** ph © Lucas Vallecillos - www.agefotostock.com **89 d** ph © EFE / Ingrid Vaca / via Maxppp **94** © CILSA (Centro de Integración Libre y Solidario de Argentina) **96 -1** ph © Photo Researchers / Getty-Images **96 -2** ph © Biosphoto / Gérard Lacz **96 -3** ph © Pete Oxford / DanitaDelimont.com / www.agefotostock.com **96 -4** ph © Piero Pomponi / Liaison / Getty-Images **96 -5** ph © Bob Thomas / Getty-Images **96 -6** ph © Davila P&M / Carnaval de Barranquilla **99** ph © dbimages / Alamy Stock Photo / © Eladio Gil Zambrana



**Iconographe :** Véronique Foz / Hatier Illustration

Achevé d'imprimer en Italie par L.E.G.O. S.p.A., Lavis (TN)
Dépôt légal : 98931-5/05 - juin 2019